DIE KÖNIGSHALLE IN LORSCH

WIEDERGEBURT DER ANTIKE
IM FRÜHEN MITTELALTER

Christof L. Diedrichs

⊙ **ein**blicke – Kunstgeschichte in Einzelwerken
Band 1

Bibliographische Information der Deutschen Nationalbibliothek:
Die Deutsche Nationalbibliothek verzeichnet diese Publikation
in der Deutschen Nationalbibliografie. Detaillierte bibliografische
Daten sind im Internet unter http://dnb.dnb.de abrufbar.

© 2015 Christof L. Diedrichs/ Freiburg i. Br.
3. Auflage (10/2015)
Herstellung und Verlag:
BoD – Books on Demand, Norderstedt
Umschlaggestaltung: Kröger Kommunikation, Lünen

ISBN: 978-3-7386-3767-0

Abb. 1 (Frontispiz):
Lorsch, sog. Königshalle (Westseite), um 870/880
(Aufnahme August 2015)

INHALT

Einleitung – Über die Betrachtung von
   Kunstwerken 7

Die sog. Königshalle in Lorsch 12
   Außenbau – Das Innere

Herkunft der Formen 18

Geschichte des Klosters Lorsch 24
   Datierung der Königshalle – Funktion

Kunst im Kontext 32
   Renovatio Imperii Romanorum – Die Karolinger und
   die römische Antike – Mehr als nur Kopien: Spolien –
   Karolingischer Bronzeguss – Fazit – … und in Lorsch?

Wie es sich im Jahr 880 hätte zutragen können 50

Anhang

Die weitere Geschichte des Klosters Lorsch
   und der Königshalle 64

Literatur zur sog. Königshalle 66

Abbildungen 70

Abbildungsnachweis 88

Glossar – Erklärung von Fachbegriffen 89

Dank 91

Die Reihe „**ein**blicke – Kunstgeschichte in
   Einzelwerken" 92

EINLEITUNG
ÜBER DIE BETRACHTUNG VON KUNSTWERKEN

Wir sind es gewohnt, angesichts eines Kunstwerks, wenn es älter als ein paar hundert Jahre ist, in Ehrfurcht zu erstarren. Mit der Erstarrung geht das Eingeständnis einher, dass wir zu wenig wissen über Zeit und Zusammenhänge der Entstehung eines solchen Kunstwerks. Folglich werfen wir nur einen kurzen, oberflächlichen Blick darauf, finden – erwartungsgemäß – keinen oder keinen befriedigenden Zugang und sehen uns stattdessen nach der Möglichkeit um, auf einem Faltblatt oder im Rahmen einer Führung mehr zu erfahren. Eine Erschließung des Kunstwerks, so glauben wir, gehe nur unter Anleitung von Fachleuten, denen wir im Übrigen während ihres Vortrags nahezu blind glauben.

Selbstverständlich ist das nicht ganz falsch: Ein so unglaublich altes Kunstwerk wie beispielsweise die Königshalle in Lorsch – auch bekannt als die „Lorscher Torhalle" – erschließt sich nicht von selbst. Es verbinden sich Geheimnisse mit ihr, welche demjenigen verborgen bleiben, der nicht die entsprechenden Fragen zu stellen weiß; und auch die Antworten auf diese Fragen kann sich niemand aus den Fingern saugen.

Und doch könnten wir wesentlich weiter gehen bei der Beschäftigung mit dem Kunstwerk, ohne sogleich den Blick abwenden und nach Hilfe in schriftlicher oder mündlicher Form suchen zu müssen.

Wie das gehen kann, nennen wir eine Methode. Methoden zur Betrachtung und Deutung von Kunstwerken gibt es zuhauf, aber sie werden nur von Fachleuten angewandt. Der ‚Laie', der diese Methoden in der Regel nicht kennt, fühlt sich meist zurückgeworfen auf die Frage des Gefallens, gibt sich allzu häufig zufrieden mit der Beurteilung, ob etwas schön sei oder hässlich.

Tatsächlich ist diese Reaktion besonders angesichts von Architektur durchaus begründet. Architektur, ob mittelalterliche oder zeitgenössische, ist lesbar wie eine Sprache, und wer deren Bestandteile und Regeln nicht kennt, steht vor ihr wie vor einem chinesischen Schriftzeichen: Es macht, so glauben wir, kaum Sinn, dessen Einzelteile genau zu betrachten, wenn man weder weiß, wie es funktioniert, noch was es bedeutet. Es bedarf in diesem Fall also durchaus der Erklärung.

Andererseits aber ist uns ein chinesisches Schriftzeichen, recht betrachtet, wesentlich fremder als ein Bauwerk im ‚Alten Europa', das immerhin unserer eigenen, vertrauten Kultur angehört. Und schließlich ist es selbst beim Erschließen eines so fremden, chinesischen Schriftzeichens unerlässlich, dass wir zunächst, noch bevor wir nach seiner Bedeutung fragen, sehr genau hinschauen. Hinsehen ist die notwendige Voraussetzung für Verständnis. Wer eine fremdsprachige Inschrift entziffern will, muss sie zunächst lesen.

Für das Hinsehen aber ist wichtig, dass der Sehende um seine kulturelle Prägung weiß. Sehen ist keine rein körperliche Tätigkeit, der Geist des Sehenden und seine Prägung durch Erziehung und Bildung ist wesentlich mit daran beteiligt. „Man sieht nur, was man weiß", soll Goethe sinngemäß gesagt haben,[1] und auch Antoine de Saint-Exupérys geflügeltes Wort über das Sehen mit dem

---

[1] Woldemar Freiherr von Biedermann (Hg), Goethes Gespräche, Bd. 4, Leipzig 1889–1896, Nr. 734 (24.04.1819).

Herzen[2] gehört in diesen Zusammenhang, denn es zeigt, welchen Einfluss Gefühle und Vorwissen des Sehenden auf den Akt des Sehens haben. Man kann mit und ohne Brille alles rosarot oder auch schwarz sehen, wir alle wissen, dass das nichts mit der äußeren, physikalisch wahrnehmbaren Wirklichkeit zu tun haben muss.

Wenn der Satz „Man sieht nur, was man weiß" wirklich stimmen würde, wäre jede Form von Wissenschaft – die durch Beobachtung Wissen schafft – sinnlos. Hätte Goethe recht mit seinem allzu eingängigen Aphorismus, dann gäbe es keinen Erkenntnisfortschritt auf dem Weg der Beobachtung. Dann wäre das Sehen rein reproduzierend und würde nichts weiter bewirken, als das Vorwissen des Sehenden zu bestätigen.

Tatsächlich spricht Goethe hier nur von einer besonders verbreiteten Art des Sehens, die entsteht, wenn der Sehende über das Sehen nicht nachdenkt. Diese Art des Sehens ist vor allem bei kunstinteressierten Laien weit verbreitet, die in der Betrachtung von Kunst nicht selten eine willkommene Gelegenheit sehen, ihre umfassende Bildung zu demonstrieren. Dabei steckt in jedem Kunstwerk ein ‚Mehrwert', etwas, das über das schon Bekannte hinausgeht. Kein Bild der Kreuzigung Christi beispielsweise erzählt nur die Kreuzigung Christi nach. Es steckt immer etwas Neues darin und eben darin liegt die spezifische Botschaft dieses Bilds.

Sehen hat also notwendigerweise zwei Aspekte: Wiedererkennen und Neu-Entdecken. Beide hängen eng zusammen, funktionieren nur gemeinsam. Nur wer genau hinsieht und das schon Bekannte wiedererkennt, kann

---

[2] Antoine de Saint-Exupéry, „Man sieht nur mit dem Herzen gut"; Zitat aus: Der Kleine Prinz, erstmals erschienen 1943.

entdecken, was neu ist und so auf die Spur der Aussage des Kunstwerks kommen. Denn diese, die Aussage des Kunstwerks, steckt im *Neuen*, welches das Kunstwerk enthält und es von den anderen unterscheidet, nicht aber im Altbekannten.

Aus diesem Grund ist es sinnvoll, jede Auseinandersetzung mit einem Kunstwerk mit einer genauen Betrachtung zu beginnen – nicht indessen mit der Lektüre von einschlägigen Texten, die unseren Blick in bestimmte Richtungen leiten, also wiederum prägen und uns so unweigerlich in die Arme Goethes zurück treiben. Diese Betrachtung sollte viel genauer sein, als wir es gewohnt sind. Sie sollte zudem so unvoreingenommen wie möglich sein. Wer versucht, unvoreingenommen zu sehen, sieht nicht nur, was er schon weiß, vielmehr entdeckt er Neues und wird überrascht auch von schon Bekanntem, das plötzlich in einen ganz anderen Zusammenhang gerät.

Um es noch einmal anders zu formulieren: Vorbildung und Vorwissen, wenn sie unbedacht eingesetzt werden, stehen der intensiven Betrachtung von Kunstwerken gewöhnlich eher im Weg, als dass sie zu einem Verständnis führen, denn sie ver-führen dazu, in ein Werk *hinein* zu sehen, was tatsächlich meist nicht oder nur am Rande darin steckt. Vielen begeisterten Kunstliebhabern muss ein allzu rascher Zugriff auf ihre Bildung geradezu verboten werden, damit sie offen sein können für das, was das jeweilige Kunstwerk tatsächlich tut und was es zu sagen hat.

Das aber bedeutet: Die Beschäftigung mit einem Kunstwerk – nennen wir sie „Analyse", um die Bedeutung der konsequenten Anwendung einer Methode deutlich zu machen – beginnt *immer* mit einer eingehenden, möglichst unvoreingenommenen Betrachtung des Werks. Eine solche Betrachtung in Form einer sorgfältig formulierten Beschreibung dient in erster Linie der Lenkung des eigenen Blicks. Viele Details, viele Beziehungen und Zusammenhänge würden uns ohne eine solche Beschreibung nicht auffallen. Erst wenn wir sie in Worte fassen, werden sie uns klar, und indem wir es tun, denken wir über sie nach. Die Beschreibung ist die in Worte gefasste Betrachtung und stößt zugleich die Reflexion des Gesehenen an. Sie ist – oder sollte sein – im Übrigen auch eine der Hauptbeschäftigungen der Fachleute, noch vor der Recherche in der einschlägigen Literatur.

Gelegentlich wird eine solche Beschreibung vom interessierten Laien als beschwerlich empfunden und ihre Notwendigkeit entsprechend bezweifelt. In Wirklichkeit aber ist sie wie eine Entdeckungsreise und führt, gerade wenn wir nicht nur sehen, was wir wissen, notwendigerweise ins Unbekannte. Sie ist in jedem Fall einer der spannendsten Schritte der Analyse von Kunstwerken, denn die unvoreingenommene, eingehende Betrachtung führt uns ganz nahe an das Kunstwerk selbst und damit an die Absichten des Künstlers heran – als würden wir ihm bei seiner Arbeit über die Schulter sehen und den Diskussionen mit seinem Auftraggeber lauschen.

DIE SOG. KÖNIGSHALLE IN LORSCH

Beginnen wir unsere Besichtigung der Königshalle in Lorsch mit der Betrachtung des Außenbaus.

Außenbau

Die Königshalle in Lorsch (*Abb. 1, Frontispiz*) ist ein querrechteckiger, zweistöckiger Bau von 11 Metern Breite. An den Schmalseiten ragt jeweils ein halbrunder Turm aus der Mauer heraus.

Das auffälligste an dem Gebäude, das geradezu als sein Markenzeichen gilt, sind die nach Westen und Osten gerichteten Längsseiten, die durch abwechslungsreich wirkende, farbige Inkrustationen* und auffällige Gliederungselemente den Blick auf sich ziehen. Sie bilden eindrucksvolle Schaufronten.

Im Untergeschoss führen drei Arkadenöffnungen* ins Innere der Halle. Sie werden jeweils flankiert von den Pfeilern vorgeblendeten – also gewissermaßen aus den Pfeilern herausschauenden, optisch *davor* stehenden – Halbsäulen aus leuchtend rotem Sandstein. Die Kapitelle dieser Halbsäulen erwecken den Eindruck, als trügen sie ein Gesims, das den Boden des Obergeschosses zu bilden scheint. (Tatsächlich stimmt die Fußbodenhöhe des Innenraums im Obergeschoss mit der Höhe dieses Gesimses nicht überein – ein reines Schmuckelement also, mit dem der Architekt einen bestimmten Eindruck hervorrufen wollte). Das Gesims ist, wie die halben Kapitelle, höchst kunstvoll mit pflanzlichen Ornamenten verziert

---

* Mit einem Stern gekennzeichnete Begriffe werden im Anhang (Glossar, S. 89f) erklärt.

(*Abb. 2*). Die Kapitelle des Untergeschosses, die aus weißem Kalkstein geschlagen wurden, folgen exakt dem Schema der antiken Säulenordnung* und erweisen sich so sehr als römische Kompositkapitelle*, dass unter Fachleuten bis heute umstritten ist, ob alle acht Kapitelle mittelalterlich oder ob hier möglicherweise antik-römische Kapitelle wiederverwendet worden sind.[3]

Das Obergeschoss zeichnet die gleiche kontrastreiche Farbigkeit aus, wie das Erdgeschoss, jedoch sind hier die Formen andere, kompliziertere. Durch ihre Dichte und gesteigerte Komplexität betonen sie das Obergeschoss gegenüber dem Erdgeschoss, das aufgrund der großen Toröffnungen wie ein Durchgang wirkt.

Die Fläche der Obergeschoss-Wand erscheint durch die sechseckigen, meist roten Steine auf weißem Grund noch lebendiger als die Wand im Erdgeschoss, deren Platten in den gleichen Farben ‚nur' quadratisch sind. Zudem ist sie durch zehn kannelierte Pilaster* mit diesmal ionischen Kapitellen aus weißem Kalkstein in kleinere Flächen gegliedert, die überdies nicht von einem Rundbogen, sondern je einem spitzen Giebel bekrönt werden. Lotrecht oberhalb des Scheitelpunkts der Arkadenbögen des Erdgeschosses ist in der Obergeschoss-Wand jeweils ein schmales, rundbogiges Fenster angebracht.

Wir haben es bei dem Außenbau der Lorscher Königshalle also mit einer Fassade zu tun, die keineswegs rein funktionalen Erfordernissen folgt, sondern sich stattdessen durch den bewussten Einsatz bestimmter künstlerischer Mittel – lebhafte Farbigkeit, variantenreiches Formen- und Materialrepertoire, Unabhängigkeit

---

[3] Vgl. SCHEFERS 2003/1, S. 15; dagegen MÜLLER 2009, S. 224; unentschieden: UNTERMANN 2011, S. 202–204.

von Form und Funktion – auszeichnet. Die ausführenden Künstler beherrschten ihr Handwerk ‚aus dem Effeff' und erschufen auf diese Weise ein Werk von erstaunlichem, künstlerischen und handwerklichen Rang – erstaunlich besonders, wenn man die frühe Zeit der Entstehung der Halle berücksichtigt, in der wir eine solche handwerkliche und künstlerische Leistung eigentlich noch nicht erwarten.

Denn nicht zuletzt zeichnet sich die so auffällig betonte Gliederung der Schauseiten durch eine hohe Systematik und genaue Beachtung der Symmetrie aus: Jeder Arkadenbogen im Erdgeschoss erhält drei Giebel im Obergeschoss, die kleinen Fenster oben stehen genau lotrecht über den Arkaden unten und die Geschosse sind horizontal genau gleich hoch, obwohl diese Gliederung nicht dem Inneren des Gebäudes entspricht. Den nach oben weisenden, vertikalen Elementen stehen horizontale gegenüber, die ein optisches Gleichgewicht zwischen beiden Richtungen bewirken und den Eindruck vollkommener, künstlerischer Harmonie hinterlassen.

Das hohe Satteldach, das heute die Wirkung des Gebäudes prägt, entstammt erst der Zeit um 1400;[4] das ursprüngliche Dach war wesentlich niedriger und wirkte von unten gesehen vermutlich beinahe wie ein Flachdach.

Das Innere

Das Innere des Erdgeschosses bildet eine rechteckige, flachgedeckte Halle mit jeweils drei großzügigen Arkadenöffnungen in der Ost- und der Westwand. An ihren Schmalseiten führt jeweils eine Tür in einen der Treppen-

---

[4] SCHEFERS 2003/1, S. 12: „spätestens um 1380/90".

türme und durch diese über eine schmale Wendeltreppe ins Obergeschoss.

Auch dieses besteht aus einem einzigen, rechteckigen Raum (*Abb. 3 und 4*). Durch den Einbau des hohen Satteldachs und der hölzernen Gewölbetonne um die Wende vom 13. zum 14. Jahrhundert haben sich die Proportionen des Raums stark verändert. Auch die Malereien an den Giebelseiten im Gewölbebogen gehören nicht zum ursprünglichen, karolingischen Erscheinungsbild. Für diese Zeit darf vermutlich ein flach gedeckter Raum, vielleicht auch ein offener, verhältnismäßig flacher Dachstuhl angenommen werden.

Bis heute ist zu erkennen, dass der karolingische Putz ursprünglich eine Architekturmalerei ohne jede szenische oder vegetabile (pflanzliche) Darstellung trug. Sie gab dem Raum ein zurückhaltendes, ausgesprochen vornehmes Gepräge.

Über einer Leiste am Fußboden erhebt sich ein hüfthoher Sockel aus hell- und dunkelgrauen, roten und gelbroten Quadraten. Durch die zurückhaltende Anbringung einer Sprenkelung wird die Illusion von Maserung erzeugt, wie sie von kostbarem Stein, beispielsweise Marmor oder Porphyr, bekannt ist. Gerade gezogene, weiße Striche deuten Fugen zwischen Quadern an.

Über diesem Sockel sind die Darstellungen von 22 abwechselnd roten und dunkelgrauen Säulen angebracht, wiederum gesprenkelt vor weißem Hintergrund. Sie zeichnen sich durch attische Basen und ionische Kapitelle aus. Vielleicht sollte hier ein imaginärer Durchblick in eine Landschaft angedeutet werden; künstlerische Hinweise darauf, beispielsweise in Form einer Vorzeichnung oder erhaltener Farbreste, finden sich jedoch nicht.

Besonders reizvoll ist die Beobachtung, dass der Maler in seinen illusionistischen Absichten so weit ging, mithilfe einer leichten Schattierung jeweils nur an *einer* Seite der Säulen eine Rundung, damit eine gewisse Dreidimensionalität anzudeuten.

Über den Säulen verläuft die Darstellung eines reich profilierten Architravs* über alle vier Wände. Auch hier erzeugt der Maler durch zurückhaltende Mehrfarbigkeit den Eindruck einer gewissen räumlichen Tiefe.

Genau in der Mitte der Ostwand (*Abb. 4*) ist der Putz unterbrochen. In dem hochrechteckigen Feld sind im Mauerwerk Spuren eines Bogens zu erkennen, der heute vermauert ist.

Auch die Ausstattung dieses Innenraums zeichnet sich durch jene handwerkliche und künstlerische Perfektion aus, die wir schon am Außenbau beobachten konnten. Hier ist nichts gestückelt, nichts unvollkommen. Die 22 Säulen umgeben den Raum in einem eleganten Rhythmus – an den Längsseiten sind zwischen den Fenstern je zwei Säulen paarweise zusammengerückt, an den Schmalseiten sind die Türen genau zwischen den gemalten Säulen platziert.

In der Lorscher Königshalle haben wir also ein Bauwerk vor uns, das – wie schon die unvoreingenommene Betrachtung offenbart – weit entfernt ist von jener unbeholfenen Unzulänglichkeit, die gemeint ist, wenn von den ‚noch' nicht bekannten technischen und künstlerischen Errungenschaften späterer Epochen die Rede ist. Architekt wie Handwerker arbeiteten vielmehr auf einem unglaublich hohen Niveau, das vielleicht am ehesten auf einen herrscherlichen Auftraggeber schließen lässt, jedenfalls aber auf einen, der sich der Kunst als Mittel der Repräsentation – möglicherweise auch der politischen – souverän zu bedienen wusste. Denn wir wissen, dass in der Formenwahl eine bewusst angestrebte, politische Aussage steckt.

HERKUNFT DER FORMEN

Bei der Betrachtung und genauen Beschreibung eines Kunstwerks wie der Königshalle in Lorsch stoßen wir häufig auf die Frage: Wo habe ich diese Formen schon einmal gesehen? Diese Frage stellt sich auch der professionelle Kunsthistoriker, wenn er an die Analyse eines Kunstwerks geht, ja sie ist sogar ein wesentlicher Teil seiner Methodik.

Denn der Vergleich stellt die Betrachtung des Kunstwerks erst auf eine feste Grundlage. Indem wir das Kunstwerk, das wir genauer kennenlernen und verstehen wollen, mit anderen Kunstwerken vergleichen, stoßen wir auf die spezifischen Eigenarten gerade dieses Kunstwerks. Wir sehen, was ‚unser' Künstler ähnlich gemacht hat wie die anderen, woher er seine Formen nimmt und wie er sie variiert, um zu seiner eigenen Aussage zu kommen. Die Erfahrung zeigt, dass gerade dieser Schritt – sozusagen die zweite Stufe unserer Analyse – besonders lohnend ist, denn er schärft das Auge und macht sensibel für das Spezifische gerade jenes Kunstwerks, mit dem wir uns beschäftigen.

Zudem verbinden sich mit den Formen Aussagen. Die Wiederaufnahme einer Form – der wertneutrale (!) Fachbegriff dafür lautet ‚Kopie' – die Kopie einer Form also kann die Aussage der kopierten Form übernehmen und damit die eigene Aussage schärfen.

❖ So sind beispielsweise ein Sockel oder eine Nische mit einer bestimmten Bedeutung besetzte Formen; wer sich ihrer bedient und etwa eine Statue darauf oder einen Altar darunter stellt, übernimmt den Gedanken der Ehrung, entweder im Sinn eines Denkmals, das an eine bestimmte Person erinnert, oder im Sinn der christlichen Deutung des Altars als ‚Thron Christi', vor dem sich die Gemeinde wie in einem Thronsaal versammelt.

- ❖ Wenn Bischof Bernward von Hildesheim (960–1022) im frühen 11. Jahrhundert eine Säule errichtet, auf der er den Lebensweg Jesu darstellen lässt, übernimmt er bewusst die Form und damit die Bedeutung der Trajanssäule in Rom. Auf diese Weise wird deutlich, dass der Lebens- und nicht zuletzt der Leidensweg Jesu tatsächlich als Sieg und als Triumph gedeutet wird, denn die Trajanssäule wurde als Siegessäule errichtet.

- ❖ Und wenn sich Karl der Große (747/48–814) beim Bau seiner Palastkapelle in Aachen – heute: das Oktogon des Aachener Doms – an den Formen der Hagia Sophia in Konstantinopel orientiert und deren Architektur kopiert, dann bedeutet dies, dass er sich selbst in die Tradition der byzantinischen beziehungsweise römischen Kaiser stellt und deren Machtansprüche auf sich und sein neu errichtetes „römisches" Reich überträgt.

Auch die Formen an der Lorscher Königshalle rufen Erinnerungen wach. Mit diesen Ähnlichkeiten aber transportieren sie *Bedeutungen* – und mit deren Verständnis beginnen wir damit, die Architektur des Gebäudes zu ‚lesen'! Auf diese Weise werden wir zu einer ‚Botschaft' kommen, die sich mit ihrer Errichtung verbindet, welche der Bauherr und sein Architekt ganz bewusst in die Architektur hineingelegt haben.

Im Originalzustand, also vor allem ohne das viel zu steile Satteldach, wirkte der zweistöckige Aufbau mit drei Rundbogentoren im Erdgeschoss (*Abb. 1, Frontispiz*) beinahe wie ein römischer Triumphbogen – dieser Vergleich wurde früher häufig angestellt –, mehr aber noch wie ein römisches Stadttor, wie es sich beispielsweise im burgundischen Autun bis heute erhalten hat (*Abb. 5*). Auch wenn hier im Erdgeschoss nur zwei statt drei Rundbögen den Eingang in die Stadt ermöglichen, so ist die Gestaltung vor allem des Obergeschosses einschließlich seiner Beziehungen zum Erdgeschoss doch mindestens ebenso charakteristisch für das Tor und zudem mit Lorsch sehr gut zu vergleichen.

Indessen fehlt in Autun ein bestimmtes Motiv, das die Lorscher Königshalle in besonderer Weise auszeichnet und das wir, wenn nicht in Autun, so doch an jenem römischen Stadttor in Trier wiederfinden, das unter dem Namen *Porta nigra* bekannt ist (*Abb. 6*). Gemeint ist die Verbindung der runden Torbögen mit den sie flankierenden Halbsäulen, die ein Gesims tragen (*Abb. 1 und 7*). In der Sprache der Architektur bildet diese Verbindung ein eigenes Motiv, das ‚Tabularium-Motiv' oder ‚Römischer Bogen' genannt wird. Es kommt tatsächlich nicht nur an der *Porta nigra* vor, sondern ist allgemein aus der antikrömischen Architektur bekannt, wo es sehr häufig zu finden ist, „mustergültig", wie der Architekturhistoriker Bernhard Schütz schreibt, „am Kolosseum in Rom [*Abb. 8*]".[5] Gerade die *Porta nigra* liegt räumlich so nahe bei Lorsch, dass schon aus diesem Grund eine bewusste Übernahme dieser dezidiert römischen Form für die Königshalle an-

---

5 SCHÜTZ 1989, S. 56.

genommen werden kann, wenn der Architekt und die beschäftigten Handwerker nicht ohnehin aus Italien kamen.

Gehen wir noch mehr ins Detail, so stoßen wir an der Lorscher Königshalle unter anderem auf die Kapitelle der Halbsäulen und der Pilaster, die aus weißem Kalkstein gearbeitet worden sind (*Abb. 2 und 7*). Sie folgen in ihren Formen exakt der antiken Säulenordnung, was sich im Übrigen nicht allein auf die Kompositkapitelle im Erd- und die ionischen Kapitelle im Obergeschoss bezieht, sondern ebenso auf die Kanneluren* der dortigen Pilaster, also auf die feinen Rinnen, welche die kleinen Pfeiler parallel von oben nach unten durchziehen.

Schließlich sind auch die auffälligen Inkrustationen aus rotem und hellem, fast weißen Sandstein römisch zu nennen. Die zum Teil auf die Spitze gestellten, quadratischen Platten übernehmen nämlich eine Technik, die *opus reticulatum* (Netzmauerwerk) genannt wird; bei den Römern ist das Format allerdings meist etwas kleiner und die diagonal gesetzten, quadratischen Steine waren häufig einfarbig und „in der Regel nicht sichtbar." *Opus reticulatum* ist in vielen, auch privaten, römischen Bauten zu finden, wo es als Fußbodenbelag oder Wanddekoration diente. Ebenso waren die Türme der römischen Stadtmauer von Köln, die um 50 n. Chr. errichtet wurde, mit „vielfarbigem ornamentalen Mauerwerk in der Art der Lorscher ‚Torhalle'" geschmückt.[6]

Mit diesen Vergleichen sind wir jedoch noch nicht am Ende der Reihe von bewussten Reminiszenzen des karolingischen Bauwerks an die antik-römische Architektur.

---

[6] UNTERMANN 2011, S. 204f.

Die kunsthistorische Forschung hat inzwischen herausgefunden, dass auch die Wandmalereien im Obergeschoss der Königshalle enge Beziehungen zu entsprechenden römischen Werken aufweisen.

Solche Werke lassen sich sowohl in Rom oder in Pompeji und Herculaneum finden als auch in der provinzialrömischen Kunst im römisch besetzten Rheinland. Dort war diese Art der Malerei sogar sehr weit verbreitet.

So hat die Kunsthistorikerin und Archäologin Kerstin Merkel beobachtet, dass die Gliederung der Wand in einen Sockel, eine Hauptzone und eine Oberzone „genau dem üblichen Schema römischer Wanddekorationen in allen Teilen des römischen Imperiums" entspricht.[7]

Selbst der gegenüber früheren Tendenzen innerhalb der antiken Malerei in Lorsch *zurückgenommene* Illusionismus lässt sich demnach in der spätrepublikanischen Zeit im Römischen Reich beobachten. Beispiele unter anderem aus Köln und Trier waren sogar noch bis ins Hochmittelalter hinein zugänglich, so dass die Künstler, die in Lorsch mit dieser Aufgabe betraut waren, diese ohne großen Aufwand studieren konnten.

Ähnlich sah es mit der provinzialrömischen Villenarchitektur aus. Auch diese Gebäude wurden zum Teil bis ins Hochmittelalter hinein weiter genutzt und auch in ihnen lassen sich solche Malereien finden, wie unter anderem an einem römischen Wohnhaus in Schwangau (Bayern) oder in Normangate Field (Großbritannien) zu beobachten ist, wo sich „die Gestaltung der Säulen wie auch der nur gerahmten, ansonsten ungestalteten Wand-

---

[7] MERKEL 1993, S. 24.

felder [...] besonders gut mit der Lorscher Wandmalerei vergleichen" lässt.[8]

Auffällig ist in diesem Zusammenhang schließlich die Verwendung der Spritztechnik im Sockelbereich, mit der die erwähnte Sprenkelung zur Simulation kostbarer Materialien wie Marmor oder Porphyr erzeugt wird. Diese Technik war in der römischen und provinzialrömischen Malerei geradezu ein Standard, so dass Merkel von einer „Massenware" spricht,[9] von einem Motiv oder einer Technik also, die den Künstlern, welche die Lorscher Königshalle mit Malereien auszustatten hatten, allgegenwärtig und gut bekannt war.

Alle diese Beobachtungen zusammengenommen laufen darauf hinaus, dass es dem Architekten und dem Bauherrn der Lorscher Königshalle besonders wichtig war, dem Bauwerk ein dezidiert römisches Erscheinungsbild zu geben, ja, „römisch" scheint geradezu der Grundgedanke für die Gestaltung gewesen zu sein. Er liegt der gesamten Konzeption zugrunde und sollte dem Betrachter unmittelbar ins Auge fallen. Nicht umsonst sind die Verweise so auffällig, geradezu ostentativ, an der Fassade platziert. Der zeitgenössische Besucher des Lorscher Klosters kam an diesen Assoziationen gar nicht vorbei.

---

[8] MERKEL 1993, S. 28.
[9] MERKEL 1993, S. 28 u. 30.

GESCHICHTE DES KLOSTERS LORSCH

Die Königshalle in Lorsch ist einer der erschütternd wenigen Überreste einer Klosteranlage, die in den ersten Jahrhunderten ihres Bestehens Sitz eines bedeutenden, kulturellen und nicht zuletzt politischen Zentrums in Europa war.

Irgendwann vor dem Jahr 764 wurde das Kloster durch die Rupertinerin Williswinth und ihren Sohn, dem Gaugrafen Cancor, gegründet, zunächst als so genanntes Eigenkloster. Nachdem 765 die Gebeine des Hl. Nazarius aus Rom nach Lorsch übertragen worden waren, entwickelte sich das Kloster zu einem mächtigen Pilgerzentrum, dem im Laufe der folgenden Jahrhunderte eine kaum überschaubare Menge an Landschenkungen große, überregionale Bedeutung verlieh. Zu ihrer Blütezeit reichten die Besitzungen von der Nordsee bis in die Schweiz. Viele Orte verdanken bis heute ihre erste Erwähnung dem „Lorscher Codex", jenem Buch, in dem die Schenkungen dokumentiert und beurkundet wurden.

Die Schenkungen erfuhren eine besondere Unterstützung, als das Kloster 772 nach Streitigkeiten mit der Familie des Gründers an König Karl, den späteren Kaiser Karl den Großen, übertragen wurde und auf diese Weise vom adeligen Eigen- zum Königskloster aufstieg. In den folgenden Jahrzehnten entwickelte es sich zu einem zentralen königlichen Stützpunkt am Mittel- und Oberrhein.

Im Beisein des Königs wurde am 1. September 774 die Basilika St. Nazarius geweiht – die Königshalle gab es zu diesem Zeitpunkt noch nicht.

Zur kulturellen Blüte des Klosters trug nicht zuletzt die Tatsache bei, dass in Lorsch ein leistungsstarkes

Skriptorium entstand, also eine Werkstatt, in der systematisch Bücher kopiert und später auch illuminiert, also mit bildlichen Darstellungen ausgestattet wurden.

Von besonderer Bedeutung noch bis heute sind etwa das Lorscher Arzneibuch, der schon erwähnte „Lorscher Codex" und das „Lorscher Reichsurbar"*. Dabei bezeugt beispielsweise der althochdeutsche Lorscher Bienensegen, dass sich die Schreiber im Skriptorium nicht allein auf die lateinische und auch nicht auf die kanonisierte, christliche Überlieferung konzentrierten. Der Segen stellt eine althochdeutsche Beschwörungsformel aus dem 10. Jahrhundert dar, mit der ein Bienenschwarm zur Rückkehr in den Bienenstock bewogen und dort gebannt werden sollte. Die Segensformel ist in eine ältere lateinische Predigt-Handschrift eingetragen[10], und zwar mittendrin, auf *folio* 58 *recto* (Vorderseite)*, am unteren Rand und auf dem Kopf stehend. Dabei handelt es sich um sich reimende Verse, die, wie auch an vielen anderen Stellen zu beobachten ist, „durch das Einbeziehen von Christus und Maria sowie die liturgische Schlußformel" eine christliche Umdeutung des Texts erfahren.[11] Aus der heidnischen, magischen Beschwörungsformel wird auf diese Weise ein mehr oder minder christliches Gebet, und dieser Vorgang ist kennzeichnend für den Umgang des Christentums mit vielen Rudimenten jener Religionen, die es bei seiner Ausbreitung vorfand.

Lorsch stand in dieser Zeit offenbar mit den größten Bibliotheken in ganz Europa in Kontakt; noch bis in die Renaissance hinein reisten Gelehrte nach Lorsch, weil

---

[10] Heute: Biblioteca Apostolica Vaticana, Cod. Pal. 220, fol. 58r.
[11] R. BAUSCHKE, Lorscher Bienensegen, in: Lexikon des Mittelalters, Bd. 5, Stuttgart/ Weimar 1999, Sp. 2119.

sich in der Klosterbibliothek seltene Manuskripte befanden, die kaum irgendwo anders im gesamten Abendland überhaupt erhalten waren.

In den Worten des Historikers Hermann Schefers hatte das Kloster seit dieser Zeit „Anteil an den anspruchsvollen bildungspolitischen Plänen des Hofes [Karls des Großen und seiner Nachfolger], einem Programm, das von ganz entscheidender Bedeutung dafür wurde, welche Wege die kulturgeschichtliche Entwicklung des Abendlands fortan nehmen sollte." Lorsch, so fährt Schefers fort, ist am Ende des 8. Jahrhunderts „ein besonders aktives Zentrum der Verdichtung allen erreichbaren Wissens der Zeit, über seine Äbte ‚vernetzt' mit der geistigen Elite des Reiches."[12] Damit war das Kloster gewissermaßen einer jener ‚Leuchttürme' innerhalb der turbulenten Zeit, die häufig als das ‚finstere Mittelalter' bezeichnet wird.

Datierung der Königshalle

Aufgrund der Grabungsergebnisse und stilgeschichtlicher Vergleiche gehen die meisten Forscher heute davon aus, dass die Königshalle zwischen 876 und 882 errichtet wurde, und zwar in unmittelbarem Zusammenhang mit einer Erweiterung der Klosterkirche um eine herrschaftliche Grablege (*Abb. 9; dort: „Gruftkapelle"*). Diese wurde östlich der Nazarius-Basilika gebaut und weist einige stilistische Eigenheiten auf, die sich ähnlich an der Königshalle finden, darunter die Verwendung mehrfarbiger Steine. Aus diesem Grund trägt sie in den Quellen den Namen *ecclesia varia* – „bunte Kirche".

---

[12] SCHEFERS 2003/2, S. 10f.

Bauherr der Grablege war vermutlich König Ludwig der Jüngere († 882), der Sohn Ludwigs des Deutschen († 876), eines Enkels Karls des Großen. Sowohl sein Vater als auch er selbst wurden hier bestattet. Es hat sich ein Sarkophag erhalten (*Abb. 10*), der als der Sarkophag Ludwigs des Deutschen gilt. Interessant an ihm ist nicht zuletzt, dass er mit den gleichen Pilastern geschmückt ist, die auch am Obergeschoss der Königshalle zu finden sind, was als weiterer Hinweis darauf gedeutet wird, dass die früher als ‚Torbau' bezeichnete Halle erst zu dieser Zeit, unmittelbar nach dem Tod Ludwigs des Deutschen, entstanden ist.

Die Datierung des Gebäudes war in der kunsthistorischen Forschung über lange Zeit ebenso umstritten wie die Frage nach seiner Funktion. Die ältere Forschung glaubte, dass es noch zur Zeit Karls des Großen, vielleicht sogar in seinem Auftrag entstanden sei. Diese Ansicht gilt inzwischen jedoch als überholt. Am überzeugendsten erscheinen im Augenblick die Schlüsse, die Werner Jacobsen aus seinen Untersuchungen der Bauplastik in Lorsch 1985 gezogen hat.[13] Auf ihn geht die Datierung in die Zeit um bzw. nach 876 und damit die Anbindung an Ludwig den Deutschen und seinen Sohn, Ludwig den Jüngeren, zurück.

Funktion

Mindestens ebenso schwierig wie die Frage der Datierung ist die nach der ursprünglichen Funktion der Halle.

Die älteste Forschung, die noch bis ins späte 19. Jahrhundert zurückreicht, ging davon aus, dass die Halle ur-

---

[13] JACOBSEN 1985; vgl. „Anmerkung", S. 31.

sprünglich in die Mauer eingebaut gewesen sei, die den Klosterbezirk umgab; daher die Bezeichnung als ‚Torbau' oder ‚Torhalle'. Noch Georg Dehio (1850–1932) sah darin den Haupteingang zum Klosterbezirk mit einer Wächterwohnung im Obergeschoss.

Seit den ersten Grabungen durch den Mainzer Domkapitular und Kunsthistoriker Friedrich Schneider 1877[14] und verlässlicher noch durch jene des Mainzer Archäologen Friedrich Behn 1927/28 und 1932/33 ist jedoch bekannt, dass die Halle schon immer frei stand (*Abb. 9*). Sie war nicht in eine zusammenhängende Mauer integriert, sondern stand als eigenständiges Gebäude am westlichen Ende des Atriums, welches den Eingangsbereich der Nazarius-Basilika mit einem Torbau noch westlich der Halle verband.[15] Damit war die Funktion als Eingangstor in den Klosterbezirk endgültig hinfällig geworden.

Zwischenzeitlich ist sie als Kapelle genutzt worden, doch dürfte dies nicht die ursprüngliche Funktion gewesen sein. Auch gegen eine Nutzung als Bibliothek und selbst als Gerichtshalle lassen sich gewichtige Gründe finden.

2004 nahm der Kunsthistoriker und Denkmalpfleger Achim Hubel den Gedanken der Gerichtshalle bzw. der Königshalle für Empfänge und Audienzen im Obergeschoss wieder auf, kam aber bei seinen Forschungen zu einem anderen Ergebnis, das derzeit als das überzeugendste gelten darf.

---

[14] SCHNEIDER 1878.
[15] BEHN 1928, S. 23–26; die irritierende Bezeichnung als „Westchor" findet sich schon dort.

Wesentlich für ihre Funktion war demnach die Stelle innerhalb des Klosterareals, an der die Halle ursprünglich stand (*Abb. 9*): dicht hinter dem durch zwei Türme geschmückten, zweifellos repräsentativen Haupteingang in die Klosteranlage. Sie war damit zugleich geschützt *und* wurde vom Besucher unmittelbar, nachdem er die Anlage betreten hatte, passiert.

Eine solche Konstellation deutet, Achim Hubel zufolge,[16] auf ein bestimmtes, herrschaftliches Zeremoniell hin, das unter dem Namen *Adventus regis*-Zeremoniell (Zeremoniell zur Ankunft des Königs) bekannt ist. Es wurde vollzogen, wenn der König in einer Stadt oder einem Kloster ankam und von den Bewohnern feierlich empfangen wurde.

In Lorsch wären die Hauptbestandteile des Zeremoniells so vorstellbar, dass der Herrscher bei seiner Ankunft zunächst im Untergeschoss der Königshalle festlich begrüßt wurde; möglicherweise wurde er dann ins Obergeschoss geführt, um sich zu erfrischen und umzukleiden; anschließend folgte eine feierliche Prozession durch das Atrium in die Klosterkirche, wo der Herrscher gemeinsam mit dem Kloster-Konvent ein Gebet verrichtete.

Der auffallende Aufwand, der mit dem Bau und bei der Ausstattung der Königshalle betrieben wurde, dürfte sich durch die besondere Vorliebe Ludwigs des Deutschen (reg. 843–876) und seines Sohns, Ludwigs des Jüngeren (reg. 876–882), für das Kloster in Lorsch erklären, das für sie zu einer Art Lieblingsresidenz wurde, ähnlich wie Aachen für Karl den Großen von besonderer Bedeutung war und entsprechend protegiert wurde. So ließ

---

[16] HUBEL 2004.

Ludwig der Jüngere hier für seinen Vater und für sich selbst die *ecclesia varia* als Grablege errichten. Sowohl deren Ausstattung mit farbigen Steinen als auch die Gestaltung des Sarkophags für den Leichnam des Vaters mit Pilastern und ionischen Kapitellen belegen die Gleichzeitigkeit des Baus der *Grabkirche* und der Halle für das *Adventus-regis*-Zeremoniell.

Das bedeutet, dass Ludwig der Jüngere das Lorscher Kloster bewusst als königliche Grablege ausbaute und entsprechend ausstattete und schmückte. Dabei bediente er sich der Architektur, um seine Herrschaft programmatisch darzustellen und sie zugleich zu deuten. Denn die vielen römischen Bau- und Stilelemente, aufgrund derer die Halle „so römisch wie möglich" wirken sollte,[17] verwiesen unmissverständlich auf die Tatsache, dass auch Ludwig sich, wie Karl der Große, als Nachfolger der römischen Kaiser sah. Auch das ostfränkische Reich, das sein Vater aus der Reichsteilung des Jahres 843 übernommen hatte, galt ihm und seinen Zeitgenossen in diesem Sinn als erneuertes, wiedererstandenes Römisches Reich.

---

[17] SCHÜTZ 1989, S. 56.

Anmerkung (August 2015): Die archäologischen Arbeiten in Lorsch dauern noch immer an. Einer freundlichen Mitteilung von Hermann Schefers, Leiter der Welterbestätte Kloster Lorsch, zufolge ist 2016 mit einer Publikation der jüngsten Ergebnisse zu rechnen, die eine Reihe von Überraschungen bereithalten könnte.

Bis zur Veröffentlichung dieser Ergebnisse bleibt es eine spannende Frage, welche der oben dargestellten Fakten und Mutmaßungen auf der Grundlage der neuen Untersuchungsergebnisse zu revidieren sein werden. Wer weiß: vielleicht wird dann ein neues Büchlein in dieser Reihe nötig, da sich gezeigt hat, dass die Chronologie der Klosterbauten in Lorsch doch eine ganz andere war, als es zum jetzigen Zeitpunkt plausibel erscheint. Das wäre ein markantes Beispiel für lebendige Forschung!

Was jedoch unmittelbar aus den Formen der Halle, wann genau sie auch errichtet worden sein mag, hervorgeht und nicht zu revidieren sein wird, ist die Tatsache, dass die Lorscher Königshalle mit jenen künstlerischen Formen, die sich durch alle Zeitläufte hindurch bis auf den heutigen Tag erhalten haben, als ein Monument der Wiedergeburt der Antike im frühen Mittelalter errichtet wurde.

KUNST IM KONTEXT

Der Bezug der karolingischen Herrscher auf das Römische Reich, der sich in der Lorscher Königshalle in Architektur, Bauskulptur und Malerei manifestiert, ist keine Erfindung Ludwigs des Jüngeren. Er nimmt damit vielmehr eine Tradition auf, die unter der Ägide Karls des Großen (747/48–814) begründet wurde und ein wesentliches Merkmal des karolingischen Herrschafts-Verständnisses darstellte.

Renovatio Imperii Romanorum

Tatsächlich war das Bewusstsein für die Antike und damit auch für deren Architektur und andere Formen herrschaftlicher Repräsentation in merowingischer Zeit (5.–8. Jahrhundert) und noch in der frühen fränkischen Zeit (8. Jahrhundert) weitgehend verloren gegangen.

Erst durch einige Gelehrte am Hof Karls des Großen trat seit dem späten 8. Jahrhundert eine Rückbesinnung ein, die ihren institutionellen Höhepunkt am 25. Dezember 800 in der Krönung Karls zum ‚Römischen Kaiser' fand. Mit dieser Krönung wurde ausdrücklich das römische Kaisertum im Westen erneuert.

Diese Rückbesinnung wurde maßgeblich durch den Gedanken getragen, dass das unter Karl dem Großen entstehende Reich, das in seiner größten Ausdehnung von den Pyrenäen bis an die Ostsee reichte, das wiedererstandene West-Römische Reich sei. Daher der schon zeitgenössische Begriff der *Renovatio Imperii Romanorum*, also der ‚Wiederherstellung des Römischen Reichs'.

An der Lorscher Königshalle lässt sich besonders gut beobachten, dass sich mit dieser Vorstellung nicht allein die Wiedererrichtung eines Reichs in bestimmten Grenzen verband, sondern – und das ist das Besondere an dieser ‚karolingischen Renaissance' – darüber hinaus die Anknüpfung an einen bestimmten kulturellen Stand. Die antik-römische Kultur galt den Gebildeten unter den Karolingern als ein kultureller Höhepunkt innerhalb der Geschichte der Menschheit, der nicht allein Ausdruck, sondern mit ein *Grund* für den Erfolg des Römischen Reichs war. Daran galt es, anzuknüpfen, und man tat es, indem man die Kultur wieder aufleben ließ.

Für die Geschichte der Architektur bedeutet die Zeit um 800 einen deutlichen Bruch. Während seit der Spätantike nördlich der Alpen praktisch keine nennenswerten, zumindest steinernen Bauten von höherem künstlerischen Rang entstanden waren, beginnt die karolingische und damit die abendländisch-europäische Baukunst um 800 wie aus dem Nichts und dennoch sofort auf erstaunlich hohem Niveau. Bauwerke wie die Aachener Pfalzkapelle (heute: der Aachener Dom; *Abb. 11*) samt dem entsprechenden Skulpturenschmuck und den vielen Bronzeguss-Werken (*Abb. 12*) oder auch zahlreiche Werke beispielsweise der Buchmalerei und der Elfenbeinschnitzerei belegen die enge Orientierung der karolingischen Künstler an der römisch-antiken Kunst.

Ausgangspunkt dieser Rückbesinnung war jedoch nicht der ästhetische Genuss, sondern die politische Aussagekraft, die sich damit verband, und mit ihm der politische Anspruch des Herrschers. Gerade so prominente Bauten wie die von Karl dem Großen protegierte Pfalz in Aachen und das von Ludwig dem Jüngeren bevorzugte Kloster Lorsch drückten dieses Programm mit besonderem Nachdruck aus.

Übrigens geschah die früheste Vermittlung der antiken Kultur in den Westen nicht über Italien, sondern über das iro-schottische Mönchtum, dessen Gelehrte von den britannischen Inseln, also von Norden her, auf das europäische Festland kamen. Der einflussreichste unter ihnen war Alcuin (735–804). Er verschaffte sich in der berühmten Bibliothek von York (Nordengland) seine umfassende Bildung und stieg am Hof Karls des Großen gegen Ende des 8. Jahrhunderts zu dessen Hauptberater und zu einem der maßgeblichen Vordenker und Begründer der karolingischen Renaissance auf. Wenn man sich mit diesem Thema beschäftigt, kommt man an seiner faszinierenden Persönlichkeit nicht vorbei.

Erst nach dem Sieg Karls über die Langobarden 774 war der Weg frei für einen unmittelbaren Austausch mit Italien. Von nun an war die Antikenrezeption im Frankenreich nicht mehr auf den Umweg über Angelsachsen angewiesen, sondern fand ihren Weg direkt über die Alpen.

Bemerkenswert ist im Übrigen auch, dass mit dem Begriff ‚Antikenrezeption', bezogen auf die frühmittelalterliche Kunst, keineswegs die reine Imitation antiker Formen gemeint ist. Stattdessen wird mit dem Begriff die Aneignung und nicht zuletzt die Weiterentwicklung antiker Vorbilder bezeichnet. Denn neben der Wiederverwendung antiker Formen in der frühmittelalterlichen Kunst sind eben dies die spezifischen Kennzeichen. Aus den antiken Vorbildern entsteht eine neue Kunst und Kultur, die beispielsweise dazu führen wird, dass die Lorscher Königshalle, so römisch sie erscheinen sollte, niemals mit einem antik-römischen Bau verwechselt werden könnte.

Die Karolinger und die römische Antike

Anders als wir es uns heute vorstellen, waren noch bis ins Hochmittelalter hinein vor allem im so genannten gallo-römischen Raum viele antike Ruinen erhalten, die die Römer nach dem Ende des Römischen Reichs hinterlassen hatten. Wenn es sich um repräsentative Bauten wie Tempel handelte, prägten sie sogar nicht selten weiterhin die Stadtbilder.

Ein schönes Beispiel dafür ist die Ruine des großen, römischen Bads in Badenweiler, südlich von Freiburg im Breisgau. Während der Spätantike war dies die größte und prächtigste, römische Thermalanlage, welche die Römer nördlich der Alpen errichtet hatten. Früher ging man davon aus, dass mit dem so genannten Alamanneneinfall im 3. Jahrhundert und der Aufgabe des Limes um 260 n. Chr. das so genannte Dekumatland, also das Land östlich und nördlich von Rhein und Donau, von den Alamannen überrannt und vollkommen verwüstet worden sei, so dass die abendländische Kultur gewissermaßen eine *tabula rasa* vorgefunden und an einem kulturellen Nullpunkt ganz von Neuem hätte beginnen müssen.

Doch inzwischen ist klar, dass sich der Übergang eher schleichend vollzog. Nicht alle Römer verließen das Dekumatland und nicht alle Alamannen ignorierten die Möglichkeiten, die ihnen die römischen Hinterlassenschaften boten. Jedenfalls wissen wir heute, dass beispielsweise die Badeanlagen in Badenweiler zumindest in Teilen bis um die Jahrtausendwende weiter genutzt wurden und folglich wenigstens bis zu dieser Zeit in einem verhältnismäßig guten, architektonischen Zustand gewesen sein müssen. Die Menschen, die sie besuchten, konnten also eine recht genaue Vorstellung von römischer

Architektur erlangen, ohne dafür nach Rom reisen zu müssen. Erst als nach der Jahrtausendwende neue Großbauten wie Burgen oder Stadtmauern errichtet wurden, nutzte man die römischen Ruinen als Steinbrüche und trug sie sukzessive ab.

Entsprechend blieben an vielen Orten selbst im ländlichen Raum antike Überreste wesentlich länger erhalten, als die herkömmliche Vorstellung der *tabula rasa* ahnen ließ. So ist inzwischen an vielen Stellen durch Grabungen belegt, dass in römische Häuser, deren Räume den neuen Bewohnern zu groß waren, Wände eingezogen wurden – zerstört wurden sie deswegen nicht. Auch gepflasterte Straßen und gemauerte Brücken wurden selbstverständlich weiter genutzt. Von umfriedeten Gutshöfen und Villen ist durch Grabungen inzwischen vielerorts belegt, dass sie im frühen Mittelalter als Friedhöfe verwendet wurden und auf diese Weise über lange Zeit einen gewissen Schutz erfuhren.

Nicht zuletzt wurden antike Großbauten – vor allem die Tempel – für die Neuerrichtung von christlichen Kirchen genutzt. Auch hier gilt es im Übrigen, eine gängige Meinung zu korrigieren, die noch auf die mittelalterliche Hagiographie* zurückgeht. Es gehört zu deren gängigen Topoi*, dass ein erzürnter Heiliger in einem Akt frommen Furors die antiken Götterbilder von ihren Sockeln stößt, den Tempel zerstört und in triumphalem Gestus an dessen Stelle einen Altar und eine Kirche errichtet. Die jüngste Forschung hat jedoch herausgefunden, dass die Menschen auch damals weniger aus ideologischen, als aus pragmatischen Gründen handelten. Tatsächlich blieb wohl eine ganze Reihe der älteren Gebäude erhalten.

Auch die Ablösung des antiken Götterkults durch die christliche Religion geschah vermutlich eher schleichend, zumal nicht davon auszugehen ist, dass die westgermanischen Alamannen, die an die Stelle der Römer traten, sämtlich getauft und überzeugte Christen waren. Vielmehr brachten sie den Kult ihrer altgermanischen Gottheiten mit und behielten selbst dann noch Teile dieses Kults bei, als sie in der Folge der Missionierung durch iro-schottische Mönche seit der Mitte des 6. Jahrhunderts nominell bereits Christen waren. – Ein wunderbares Beispiel dafür ist der oben erwähnte althochdeutsche Lorscher Bienensegen;[18] er belegt das Fortleben heidnischer Beschwörungspraktiken noch im 10. Jahrhundert.

Was in diesem Sinn für die Erhaltung von Einzelbauten gilt, gilt selbstverständlich auch für Siedlungen und ganze Städte. Zwar sind römische Städte wie *Augusta Raurica* bei Basel (mit zur Blütezeit immerhin 10.000–15.000 Einwohnern) oder *Nida* auf dem heutigen Stadtgebiet von Frankfurt am Main bekannt, die wohl aus praktischen Gründen in nachantiker Zeit vollkommen von der Landkarte verschwanden, andere jedoch bestanden weiter und setzten spätestens im Hochmittelalter ihr Wachstum fort.

In Städten wie Trier, Mainz oder Köln ist zum Teil bis heute im Grundriss der Altstädte die Schachbrett-Geometrie des römischen Militärlagers bzw. der planmäßig angelegten, römischen Siedlung nachvollziehbar. In Köln kommen Gebäudenamen wie „St. Maria im Kapitol" hinzu, die eindeutig römischen Ursprungs sind. In Trier sind unter anderem in der so genannten Kon-

---

[18] Siehe oben S. 25.

stantinbasilika, in Köln beispielsweise in der Kirche St. Gereon (*Abb. 13*) römische Bauten nachweisbar, die seit der Antike kontinuierlich weiter genutzt wurden. St. Gereon enthält bis heute mit dem auf das 4. Jahrhundert zurückgehenden Dekagon (Zehneck) eine Bauform, die aus der antiken Architektur stammt, innerhalb der abendländisch-christlichen Baugeschichte jedoch keine Nachfolge fand; St. Gereon wurde im 12./13., dann im 13. und wieder im 14. Jahrhundert umgebaut und erweitert, so dass die Kirche heute im Wesentlichen staufisch-romanische Formen aufweist. Der auffällige, zehneckige Ostbau jedoch blieb in seiner Grundstruktur erhalten.

Wir können also davon ausgehen, dass sich in viel stärkerem Maße, als es noch bis vor kurzem bekannt war, römische Bauten auch über die so genannte Völkerwanderungszeit hinweg erhalten haben, dass sie sogar weiter genutzt wurden, wenn man sie auch den eigenen Bedürfnissen anpasste. Die architektonischen und künstlerischen Formen blieben also präsent, während Wissen und Gelehrsamkeit nur an wenigen Orten bewahrt wurden und im größten Teil Europas verloren ging.

Die eigentliche Zeit des Verlusts auch der antiken Bauten ist also nicht etwa das frühe Mittelalter oder die Völkerwanderungszeit, sondern das Hochmittelalter mit seiner vermehrten Bautätigkeit. In dieser Zeit wurden die inzwischen größtenteils ruinösen antiken Bauten nicht weiter genutzt, sondern als Steinbrüche verwendet, um mit dem Material neue, spezifisch romanische oder gotische Bauten zu errichten. Erst in dieser Zeit also kann von einem „allmählichen Verschwinden der Antike" aus den Stadtbildern auch in Städten wie Trier, Mainz und Köln gesprochen werden.[19]

Mehr als nur Kopien: Spolien

Die Praxis der Weiternutzung bestehender Bauten oder der Kopie älterer Formen an Neubauten, wie wir sie in Lorsch beobachtet haben, wird aber noch durch eine weitere Praxis ergänzt, welche die *Bedeutung* dieser Praktiken gerade an herrschaftlich-repräsentativen Bauten erhellt. Sie wirft ein besonderes Licht auch auf das Phänomen der Kopie römischer Formen, die gewissermaßen der künstlerische Ausdruck der so genannten *Renovatio Imperii Romanorum* ist.

Die kunsthistorischen Fachleute sind schon seit langem von einem Phänomen fasziniert, das im Zusammenhang mittelalterlicher Bauten und Kunstwerke an überraschend vielen Stellen zu beobachten ist: Im Rahmen von Neubauten oder der Anfertigung neuer Kunstwerke werden zum Teil wesentlich ältere Bauteile oder Fragmente älterer Kunstwerke wiederverwendet. Solche wiederverwendeten Bauteile oder Fragmente nennt man ‚Spolien'. Der Zusammenhang, in den diese Spolien gestellt werden, schließt dabei durchweg aus, dass diese Wiederverwendung aus pragmatischen Gründen geschah.

Für die Verwendung solcher Spolien gibt es wunderbare Beispiele:

---

[19] Rebecca MÜLLER, Antike im frühen Mittelalter. Erbe und Innovation, in: Bruno Reudenbach (Hg), Geschichte der bildenden Kunst in Deutschland, Bd. 1. Karolingische und ottonische Kunst, Darmstadt/ München u.a. 2009, S. 190–215, hier S. 194.

❖ Eines der kuriosesten ist das so genannte Herimannkreuz im Erzbischöflichen Diözesan-Museum in Köln (*Abb. 14*). An ihm dient das Köpfchen einer antiken Frauen-Statuette aus blauem Lapislazuli – wohl ein Portrait der Kaiserin Livia[20] – als Haupt einer vergoldeten Bronze-Figur des gekreuzigten Christus.

❖ Etwas weniger provokant, wenn auch trotzdem überraschend, wirkt der aus dem 1. Jahrhundert n. Chr. stammende Kameo aus Sardonyx mit der Profilbüste des römischen Kaisers Augustus im Zentrum des um 1000 entstandenen, so genannten Lotharkreuzes im Aachener Domschatz (*Abb. 15*). Auch hier wird ein antikes, damit heidnisches Schmuckstück ohne Scheu in einen christlichen Kultgegenstand integriert, und dies keineswegs verschämt und an nachgeordneter, sondern vielmehr an der prominentesten und damit heikelsten Stelle eines der bedeutendsten Gegenstände der christlichen Liturgie.

An diesen beiden Werken wird überdeutlich, dass pragmatische Gründe für die Wiederverwendung tatsächlich ausgeschlossen werden können. Selbst rein ästhetische Gründe reichen nicht aus, um den Widerspruch zu überdecken, der nach *unserem* Verständnis in der Verwendung heidnischer Spolien am Kreuz Christi zu liegen scheint.

Mit besonderem finanziellen und logistischen Aufwand war die Verwendung architektonischer Spolien verbunden, zumal hier mindestens ebenso deutlich wird, dass die Verwendung keinerlei funktionaler Begründung

---

[20] Ursula BRACKER-WESTER, Der Christuskopf vom Herimannkreuz – ein Bildnis der Kaiserin Livia, in: Anton Legner (Hg), Rhein und Maas. Kunst und Kultur 800–1400, Köln 1973, S. 177–180.

folgte. Stattdessen wurden solche Spolien wie beispielsweise antike Säulen ohne jede statische Funktion an besonders auffälligen Stellen eingebaut und damit ausgestellt.

Das beste Beispiel für diese Art der Verwendung von Spolien innerhalb der karolingischen Architektur ist – wie könnte es anders sein – die unter Karl dem Großen errichtete Pfalzkapelle in Aachen (*Abb. 11*). Hier war der Auftraggeber ein König, der über die notwendigen finanziellen Mittel verfügte, welche einerseits für die Umsetzung seines Wunschs nach Repräsentation und – vor allem! – andererseits für die programmatische Begründung seines Machtanspruchs auf dem Weg der Verwendung antiker Spolien unerlässlich waren.

Es haben sich zeitgenössische Quellen erhalten, in denen Karl der Große den Papst um die Genehmigung ersucht, Spolien aus den spätantiken Bauten in Ravenna entnehmen zu dürfen, die er vermutlich für die Aachener oder die Ingelheimer Pfalz verwenden wollte. Der Papst gab diesem Wunsch statt, und so berichtet Karls Biograph Einhard (775–840) in seiner *Vita Karoli Magni*:

> „Die christliche Religion, mit der er [Karl] seit seiner Kindheit vertraut war, hielt er gewissenhaft und fromm in höchsten Ehren. Deshalb erbaute er die wunderschöne Kirche in Aachen, die er mit Gold und Silber, mit Leuchtern und mit Gittern und Türen aus massivem Metall ausschmückte. Für diesen Bau ließ er Säulen und Marmor aus Rom und Ravenna bringen, da er sie sonst nirgends bekommen konnte."[21]

---

[21] Einhard, *Vita Karoli Magni* – Das Leben Karls des Großen. Lateinisch/ Deutsch. Übersetzung, Anmerkungen und Nachwort von Evelyn Scherabon Firchow, Stuttgart 1968/ 2013, S. 51.

Ein Teil dieser Säulen ist bis heute im Obergeschoss des Aachener Oktogons zu sehen (*Abb. 11*). Es sind allerdings nur etwa die Hälfte der originalen Säulen erhalten, da 1794 alles innerhalb der Riesenarkaden demontiert und nach Paris geschafft wurde; von dort sind nicht alle Beutestücke zurückgekehrt.

Neben diesen antiken Säulen, die im Bau der karolingischen Pfalzkapelle wiederverwendet wurden, findet sich an der Kirche eine Fülle weiterer Spolien:

- ❖ Pilasterkapitelle am Außenbau des Oktogons,
- ❖ Inkrustationen des Fußbodens,
- ❖ Platten des sog. Karlsthrons – der allerdings nicht der Thron Karls des Großen ist und eher für die referentielle* Verwendung von Spolien unter Otto I. (912–973, seit 962 Kaiser) stehen können.

Der Grund für die Verwendung von Spolien in mittelalterlichen Neubauten oder an Werken vor allem der Goldschmiedekunst ist auf zwei Ebenen zu suchen. Beide haben mit *Bedeutung*, mit einer demonstrativ gemachten *Aussage* zu tun, die durch die Integration und Präsentation der antiken Stücke transportiert werden sollte.

Für die beiden angesprochenen Goldschmiedewerke, die dezidiert imperiale, kaiserliche Spolien im Zusammenhang des Kreuzes Christi verwenden (*Abb. 14 und 15*), ist sicherlich eine Deutung des Geschehens der Kreuzigung bzw. der Person Christi in herrschaftlichem Sinne angestrebt worden.

Die weitaus größte Zahl der Spolien – vor allem die in architektonischem Zusammenhang stehenden – stammen jedoch nicht ausdrücklich aus *kaiserlichem* Kontext. Auch Einhards Beschreibung der Ausstattung der Aachener

Pfalzkapelle mit Säulen und Marmor hebt nicht ausdrücklich auf diesen Kontext ab, sondern vielmehr auf die Herkunft der Spolien allgemein aus Rom und Ravenna. Rom stand dabei für die ehemalige Hauptstadt des *Imperium Romanum*, während Ravenna als die Hauptresidenz des weströmischen Kaisers nach der Abspaltung des oströmischen Reichs vom *Imperium* angesprochen wurde, in der unter anderem der von Karl dem Großen verehrte oströmische Kaiser Theoderich († 526) residiert hatte. Theoderich galt den Zeitgenossen Karls als derjenige, der „das römische Imperium nach seinem Untergang zumindest für Italien [hatte] wiedererstehen lassen"; wohl auch aus diesem Grund spielten Theoderich-Standbilder in der Aachener Pfalz gleich an mehreren Stellen eine Rolle. So ließ Karl ein Reiterstandbild als „eine[n] der Blickfänge des Aachener Pfalzareals" aufstellen, das er unter großen technischen und logistischen Schwierigkeiten eigens zu diesem Zweck aus Ravenna nach Aachen hatte überführen lassen.[22]

Karl suchte in seinem Bemühen, das Fränkische Reich in Europa zu etablieren und zu legitimieren, also offenbar ganz bewusst die programmatische Anknüpfung an das *Imperium Romanum* der Kaiserzeit wie auch dezidiert an das weströmische Kaisertum unter Theoderich, das seinerseits bereits für den Gedanken der erfolgreichen Wiedererrichtung des römischen Kaiserreichs stand.

---

[22] Horst BREDEKAMP, Der schwimmende Souverän. Karl der Große und die Bildpolitik des Körpers. Eine Studie zum schematischen Bildakt, Berlin 2014, S. 68f.

Neben dieser Wiederverwendung (echter) antiker Stücke konnte aber auch die bewusste Nachahmung eines antiken Stils in die gleiche Richtung weisen.

Eine solche Nachahmung auf sehr hohem, künstlerischen Niveau ist sowohl in Lorsch, als auch in Aachen zu beobachten. Auch dort finden sich (in diesem Fall korinthische) Kapitelle, die so antik aussehen, dass sich die Fachleute bis heute nicht sicher sind, ob sie tatsächlich antik sind oder ob sie eigens für den Neubau der Aachener Pfalzkapelle zwischen 770 und 800 angefertigt wurden. Diese Kapitelle zeigen ein so „bemerkenswertes Verständnis für die Struktur eines korinthischen Kapitells" sowie ein so „souveränes handwerkliches Vermögen bei der Ausarbeitung der Akanthusblätter",[23] wie man sie einem frühmittelalterlichen Künstler spontan offenbar kaum zutrauen möchte.

Karolingischer Bronzeguss

Karl der Große ging jedoch noch weiter. So drückte sich der Rückbezug auf die Antike und die Wiederaufnahme ihrer Kultur auch in der Wiederbelebung der Technik des Bronzegusses aus, die, soweit bekannt ist, seit der Spätantike vergessen gewesen war. Werke des Bronzegusses sind in Aachen bis heute erhalten und wecken Bewunderung für ihr außerordentlich hohes Niveau. (*Abb. 16*)

Ihren Beginn hatte diese ungewöhnliche Tradition mit der Überführung der Reiterstatue Theoderichs aus Ravenna nach Aachen genommen. Vermutlich hat es sich dabei um eine überlebensgroße, vergoldete Reiterstatue

---

[23] MÜLLER 2009 (wie Anm. 19), S. 195.

gehandelt. – Die Statue wurde, wie die gesamte Anlage, spätestens 881 beim Normanneneinfall zerstört.

Während die Theoderich-Statue eine Spolie war, die überführt und in einen neuen Kontext integriert wurde, gingen Handwerker und Künstler in der folgenden Zeit daran, zahlreiche Werke neu zu gießen und damit eine weitere antike Tradition aktiv wiederzubeleben.

Erhalten hat sich aus diesem Zusammenhang beispielsweise die Figur jener Bärin (*Abb. 12*), deren Datierung noch immer nicht genau geklärt ist; sie könnte auch noch aus der Spätantike stammen. In jedem Fall gab sie der sog. Wolfstür der Aachener Pfalzkapelle ihren Namen, denn die Bärin könnte auch eine Wölfin sein – in Aachen jedenfalls wurde sie seit dem 14. Jahrhundert als *lupus* oder *lupa*, also als Wolf oder Wölfin, bezeichnet, was den Bezug zu Rom und seiner Gründungslegende zusätzlich unterstreichen würde. Als solche nimmt sie darüber hinaus auch auf jene bronzene Wölfin Bezug, „die wohl schon im späten 8. Jh. am päpstlichen Lateran in Rom stand und dort die Stelle des Gerichts markierte."[24]

Die größten, mit Sicherheit karolingischen Leistungen im Bereich des monumentalen Bronzegusses sind indessen die bis heute erhaltenen Bronzeportale des Aachener Doms (*Abb. 16*) sowie die ungeheuer aufwändigen, fein und differenziert gearbeiteten Bronzegitter im Emporengeschoss des Oktogons, die sich ebenfalls bis heute an ihrem ursprünglichen Platz befinden.

---

[24] Rebecca MÜLLER, Bärin, sog. Lupa, in: Bruno Reudenbach (Hg), Geschichte der bildenden Kunst in Deutschland, Bd. 1. Karolingische und ottonische Kunst, Darmstadt/ München u.a. 2009, S. 218.

Auch der Bronzeguss, mit dem Karl eine antik-römische Kunsttechnik wieder aufleben ließ, ist also – das belegen nicht zuletzt die *Formen* der gegossenen Werke – als eine direkte Anknüpfung an die antik-römische Kultur und Kunst zu verstehen, in der die Karolinger einen bedeutsamen Ausdruck des römisch-antiken Herrschertums sahen. In eben diesem Sinn sollten die neu geschaffenen Werke Zeugnis ablegen von dem Selbstverständnis des karolingischen Kaisertums.

Fazit

Die Verwendung der antiken Spolien – der Säulen in den Riesenarkaden des Oktogons, der Reiterstatue Theoderichs, möglicherweise der Bärin oder Wölfin (wenn sie ein antikes Werk ist) – im Kontext der Aachener Pfalzanlage geschah in erster Linie aus programmatischen Gründen: Für denjenigen, der sie zu ‚lesen' verstand, stellten sie Hinweise dar, die die Wiederaufnahme der antiken Tradition im Sinn einer Erneuerung des Römischen Reichs (*Renovatio Imperii Romanorum*) unter der Herrschaft der karolingischen Kaiser proklamierten. – Einen solchen Verweischarakter nennt man in der Fachsprache ‚Referentialität'.

Karl der Große wollte auf diese Weise die Vorstellung von einem ‚wiedererstandenen Rom' hervorrufen. Rom stellte für ihn den ideellen Bezugspunkt dar, der sich besonders in seiner Pfalz-Architektur in Aachen ausdrückte.

Aus den zeitgenössischen Quellen z.B. zu den Säulen im Oktogon (*Abb. 11*) geht eindeutig hervor, dass es nicht ihr ästhetischer Reiz, sondern ihr Verweischarakter war, der zu ihrer Verwendung am Neubau der Aachener Pfalzkapelle anregte.

Interessant ist dabei, dass Karl in so auffälliger Weise den Bezug ausgerechnet zu Ravenna suchte:

- ❖ durch die Verwendung des Theoderich-Reiterstandbilds,
- ❖ durch die Spolien aus dem Theoderich-Palast – Säulen und Inkrustationsschmuck,
- ❖ durch die Wahl der Kirche San Vitale in Ravenna (*Abb. 17*) als „die wichtigste Quelle für die Aachener Baugestalt"[25]
- ❖ und schließlich durch die Tatsache, dass Karl kostbare Silbertische stiftete: die einen für St. Peter in Rom, die anderen aber wiederum für San Vitale in Ravenna.

Karl suchte also ganz bewusst den Bezug zu Ravenna und damit zu Theoderich, wobei es ihm offenbar nicht um dessen – aus heutiger Sicht problematische – historische Persönlichkeit ging, sondern vielmehr um die Formen seiner herrschaftlichen Repräsentation. „Die langobardischen Residenzen", so schreibt Rebecca Müller, „stellen Karl die Ausdrucksformen königlichen Status' in antiker Tradition vor Augen – inwieweit sie von dort adaptiert wurden," inwieweit Karl also Formen langobardischer Architektur und Kunst übernahm, „bleibt aufgrund unserer geringen Kenntnisse der langobardischen Paläste und Hof-Kultur offen."[26]

Für den neuen König eines Reichs, das so groß ist wie keines zuvor seit dem Römischen Reich, der zudem seit

---

[25] Matthias UNTERMANN, Der Zentralbau im Mittelalter. Form – Funktion – Verbreitung, Darmstadt 1989, S. 103.
[26] MÜLLER 2009 (wie Anm. 19), S. 198.

774 *rex Langobardorum* – König der Langobarden – ist, stellt sich spätestens seit dieser Zeit die Frage nach einer angemessenen Form der Herrscher-Repräsentation, und die sucht er *programmatisch* in Rom und *formal* in Ravenna. Dabei kümmert ihn die korrekte, historische Sicht auf die Persönlichkeit des brutalen Tyrannen Theoderich nicht – von der er wahrscheinlich aber auch keine Kenntnisse hatte: Ihm „dürfte ein topisch überformtes Bild des Ostgoten überliefert worden sein, das diesen als selbstständigen [römischen] Herrscher des Westens stilisierte."[27]

Und da auch Karl der Große sich selbst und seine Leistung – nicht erst seit seiner Kaiserkrönung im Jahr 800 – so gesehen haben wollte, bediente er sich jener Formen, die er allgemein im römischen Reich und im Besonderen in Ravenna, unter dem Einfluss des Hofs Theoderichs mit dem Beinamen ‚der Große', vorfand.

... und in Lorsch?

Die solchermaßen konkreten Bezüge zu einer bestimmten, historischen Persönlichkeit, die sich in Aachen an einer ganzen Reihe von Stellen finden lassen, fehlen in Lorsch. Auch wenn die Halle eines der am besten erhaltenen Bauwerke aus der Frühzeit unserer abendländischen Kultur und zugleich ein Werk von allerhöchstem, künstlerischen Rang ist, finden sich daran keine so konkreten Hinweise, wie wir sie in Aachen antreffen. Ludwig dem Jüngeren ging es wohl eher darum, sich allgemein, aber doch unverkennbar, in die Tradition der Römischen Kultur zu stellen. „Die Ähnlichkeit zwischen den Fresken im Obergeschoß der Lorscher Torhalle und römischer

---

[27] MÜLLER 2009 (wie Anm. 19), S. 198.

Wandmalerei ist evident."²⁸ Auch die Bauskulptur der Kapitelle ist der antiken zum Verwechseln ähnlich.

Darüber hinaus errichtete Ludwig ein Gebäude, dessen Hauptfunktion den Forschungsergebnissen Achim Hubels zufolge wie bei seinem Pendant in Regensburg in der Durchführung des *Adventus regis*-Zeremoniells bestanden hat, dem feierlichen Empfang des Königs bei seiner Ankunft in Lorsch. Tatsächlich handelte es sich auch hierbei um eine Tradition aus dem römischen Kaiserkult. Die karolingischen Herrscher lernten sie offenbar über die Päpste kennen – 774 wurde Karl der Große auf diese Weise in Rom empfangen – „und benutzten es fortan zur sinnfälligen Darstellung ihrer Königs- und Kaiserwürde und zur Entgegennahme der *devotio* [Verehrung] der Besuchten."²⁹

Ludwig Vater und Sohn hielten sich verhältnismäßig häufig in Lorsch auf, so dass wir getrost von einer ‚Lieblingsresidenz' sprechen können. Schon auf diese Weise zeichneten sie das damals bedeutende Kloster in besonderer Weise aus, und der Bau der repräsentativen Halle mit dem auffälligen, römisch wirkenden Bauschmuck wie auch zweifellos die *ecclesia varia* als neu gestiftete Grablege der Herrscher trugen das Ihre dazu bei, König Ludwig und seine Herrschaft über das Ostfrankenreich überdeutlich in die Tradition des Römischen Reichs zu stellen.

---

[28] MERKEL 1993, S. 23.
[29] Th. KÖLZER, *Adventus regis*, in: Lexikon des Mittelalters, Bd. 1, Stuttgart/ Weimar 1999, Sp. 170f, hier Sp. 171.

WIE ES SICH IM JAHR 880 HÄTTE ZUTRAGEN KÖNNEN

Die Gesandten gaben ihren Pferden die Sporen. Erzbischof Willibert hatte ihnen deutlich gemacht, wie sehr der Auftrag eilte. Nun, da das Kloster endlich in Sichtweite lag, drängte es sie zu einer noch schnelleren Gangart.

Sie näherten sich ihm von Westen, von Worms, wo sie die Nacht verbracht hatten. Nun lag die mächtige Abtei direkt vor ihnen.

Sie war schon von weither sichtbar: Wie eine Festung ragten die massiven Bauten aus der Landschaft heraus, die Kirche mit ihren beiden gedrungenen Türmen auf einem Hügel deutlich erhöht. Das Westwerk, das wehrhaft genau in die Richtung der Reiter wies, sprach deutlich von der Stärke dieser Mauern und ließ auf die Macht des Patrons schließen. Dieser Eindruck verstärkte sich noch, je näher sie an das mit einer hohen Mauer umgebene Klosterareal heran kamen. Der Heilige Nazarius war ein tatkräftiger Patron, das wusste auch der Erzbischof. Seit einem Jahrhundert sorgte er dafür, dass seine Besitzungen im ganzen Reich stetig wuchsen, und bot den Bewohnern, die sich ihm anvertrauten, wirksamen Schutz.

Aber der Erzbischof wollte mehr. Er wollte den König an seine Pflichten gegenüber der Kirche erinnern.

Nach einem scharfen Ritt näherten sie sich dem Torbau, der an dieser Seite die einzige Öffnung in der massiven, übermannshohen Klostermauer war. Genau hinter ihm, jedoch in deutlicher Entfernung und durch den Hügel erhöht wie einst der Tempel in Jerusalem, ragten noch immer die Türme des Westwerks hoch empor. Erst als die beiden Reiter unmittelbar vor dem Tor standen, wurden sie von diesem verdeckt.

Sie hatten erwartet, das übliche Gewimmel vorzufinden, das entstand, wenn der Königshof Tag für Tag versorgt werden musste und Gesandtschaften ein und aus gingen, um das Reich zu verwalten und für seinen Schutz zu sorgen. Aber es war seltsam still am Eingang zum Klosterareal.

Das Durchschreiten des Tors, dessen einer Flügel offen stand, barg eine weitere Überraschung. Statt, wie sie erwartet hatten, unmittelbar in einen geräumigen Hof zu gelangen, an dessen Ende das ehrfurchtgebietende Westwerk aufragte, wurde der Blick durch ein quer stehendes Gebäude gehemmt, das sich unmittelbar hinter dem Tor in den Weg stellte. Es hatte drei Durchgänge, dahinter stieg das Gelände steil an, den Hügel hinauf zur Kirche, deren Portal hinter den Bögen zu erkennen war.

Sie blieben stehen. Das Gebäude zog die Aufmerksamkeit nicht allein dadurch auf sich, dass es sich dem Besucher in den Weg stellte. Auch die leuchtenden Farben, mit denen die Fassade geschmückt war, und die komplizierten Muster auf den Wänden waren auffällig. Viele weiße und rote Steine ließen die Augen hin und her schweifen, von den roten Säulen auf die weißen Kapitelle und weiter hinauf ins noch prächtiger geschmückte, obere Stockwerk, in dem eine ganze Reihe schmaler Dreiecksgiebel mit einem bienenwabenartigen, rot-weißen Muster angefüllt waren. Ein Dach war aus dieser kurzen Entfernung kaum zu sehen, dafür erkannten die Gesandten ein auffälliges Gesims, das ein Stück über die Fassade hinaus ragte.

„Ist das römisch?", fragte der eine der beiden, der noch immer auf seinem Pferd saß und seinen Kopf in den Nacken gelegt hatte.

„Das ist viel zu jung", antwortete der andere, während er die farbigen Einlegearbeiten auf der Wand musterte, „das kann erst vor ganz kurzer Zeit errichtet worden sein."

„Vor kurzer Zeit? Aber die Formen kommen mir bekannt vor. Die sind nicht jung!"

„Mag sein, aber das Gebäude kann dennoch nicht alt sein, so frisch wie die Farben noch strahlen! Und sieh Dir den Bauschutt an, der noch überall herumliegt."

„Es ist von unserem König erst vor vier Jahren begonnen worden", gab ein Mönch Auskunft, der in diesem Augenblick in schwarzem Habit unter dem rechten der drei Torbögen hervor trat; offenbar war er geschickt worden, um sie am Eingang zur Abtei in Empfang zu nehmen. „Und in seinem Innern ist es auch noch nicht ganz fertig – mit den Malereien wurde erst vor ein paar Wochen begonnen, nachdem die Wände ganz durchgetrocknet waren." Zufrieden beobachtete er, wie die Gesandten staunten.

„Aber diese Kapitelle", beharrte der erste, „mir erscheinen sie ganz ungewöhnlich – soetwas Kunstvolles habe ich bisher nur in Rom gesehen …"

„… und in Ingelheim", ergänzte der andere, „und in Aachen."

„Richtig, in den kaiserlichen Pfalzen." Das Staunen nahm zu, je intensiver die Gesandten das Gebäude betrachteten.

„Aber römisch ist es dennoch", beharrte nun auch der andere, „diese Täfelung mit den bunten Steinen …"

„Aber warum römisch?", wandte sich der erste nun unmittelbar an den Mönch. „Ludwig ist nicht Kaiser! Es war Karl, den sie ,den Kahlen' nennen, der vor fünf Jahren zum Kaiser gekrönt wurde, und nach seinem Tod wird es nun wahrscheinlich der Bruder Ludwigs, der dann dritte Karl, sein, der über kurz oder lang Kaiser wird – aber nicht Ludwig!"

„Und doch ist auch das *ostfränkische* Reich, über das unser König Ludwig herrscht, ein Teil des *Römischen* Reichs, das unter dem großen Karl wieder erstanden ist, selbst wenn es seit einigen Jahren unseligerweise wieder in drei Teile geteilt ist. Ludwig, der Vater unseres Königs, hat tatkräftig daran mitgewirkt, wie Ihr zweifellos wisst, dass das Reich damals, *Anno Domini* 843, nicht wieder zerfiel, sondern sorgfältig – und sicher nur vorübergehend – zwischen den Brüdern Lothar, Karl und Ludwig in das Mittelreich, das west- und das ostfränkische Reich aufgeteilt wurde."

Die Gesandten nickten. Der Mönch erzählte ihnen nichts Neues, schließlich waren sie Diplomaten, Gesandte des Erzbischofs von Köln, und diese Zusammenhänge gehörten zu ihrem täglichen Handwerkszeug.

Unbeirrt fuhr der Mönch fort: „Das Mittelreich ist inzwischen bereits wieder aufgeteilt und dem west- und dem ostfränkischen Reich zugeordnet worden, woran Ihr ebenfalls sehen könnt, dass wir eigentlich alle zum Römischen Reich gehören."

„Jedenfalls zum Weströmischen", ergänzte der erste der Gesandten in dem Bemühen, dem Mönch klarzumachen, dass seine Belehrungen überflüssig waren.

„Wie auch immer" – der Mönch ließ sich offensichtlich nicht gern unterbrechen – „in diesem Kloster arbeiten wir tatkräftig daran mit, die Zeit der Finsternis und des Chaos, die seit dem Untergang des *Imperium Romanum* geherrscht haben, hinter uns zu lassen, indem wir uns um die Wissenschaft und die Kultur bemühen, wie sie unter den Römischen Kaisern blühten."

„Indem Ihr Kapitelle kopiert und Bögen baut wie die Römer?"

Der Einwand schien den Mönch gegen seinen Willen zu treffen. „Das Römische Reich umfasste die ganze Welt! Und das, obwohl Gott damals die Welt noch nicht erlöst hatte und die Heiden noch ihre Götzen verehrten. Warum, glaubt Ihr, ist es ihnen dennoch gelungen?"

Die Gesandten ahnten, worauf der Mönch hinaus wollte, gönnten ihm aber nicht die Genugtuung, sie wie Schüler zu befragen.

„Weil sie eine überragende Kultur hatten", gab er sich nach kurzem Zögern selbst die Antwort. „Ihre Kultur war der *eine* der Schlüssel zu ihrer Weltherrschaft."

„Nicht ihre Truppen?", warf der zweite Gesandte skeptisch ein.

„Die Truppen sind nur das Werkzeug, dessen Gott sich bedient!"

„Und der andere Schlüssel?", konnte sich der erste Gesandte nicht zurückhalten zu fragen.

„Den anderen *hatten* sie eben nicht!" Der Mönch triumphierte. „Deshalb musste dieses Reich ja untergehen. Und deshalb ist es nun, seit Kaiser Karl es hat wiedererstehen lassen, das Reich, das den Weg zur Vollendung führen wird, zum Ende aller Dinge. Denn der andere Schlüssel ist Christus, unser Erlöser!"

„Und Ihr glaubt, wenn Ihr baut wie die Römer und ein bisschen Christentum dazu mischt ..."

Der erste Gesandte fiel seinem Mitstreiter, den der oberlehrerhafte Ton des Mönchs offensichtlich zu trotzigem Widerspruch reizte, ins Wort. „Aber diese Farbigkeit, die Mannigfaltigkeit der Formen und Materialien – alles das *ist* doch nicht römisch, es sieht nur so aus. Und selbst darüber, ob es schön sei, lässt sich streiten. Ich kann zum Beispiel nicht erkennen, welche Funktion dieses seltsame Gebäude haben soll. Dabei sagt doch Dein Ordensbruder Walahfrid, Abt des Klosters auf der Reichenau, dass eine Form nur dann vollendet sei, wenn sie auch einen Zweck erfüllt. Und selbst der große Alkuin sagt, in diesem Fall über die Rhetorik, dass eine Rede nur dann als schön zu bezeichnen sei, wenn sie ihren *Zweck* erfüllt. Also sag mir: Welchen Zweck erfüllt denn dieses Gebäude, der einen solchen Aufwand rechtfertigt?"

Sein gereizter Mitgesandter staunte über die Gelehrsamkeit seines Freundes und hoffte zugleich, dass dies nicht die einzigen, gelehrten Zitate waren, die er im Köcher hatte.

Der Mönch zögerte für einen Augenblick, seine Augen wurden schmaler. Dann fragte er pikiert: „Und wie, sagt Alkuin, soll eine solche Rede ihren Zweck erfüllen? Was sagt er dazu?"

Der Gesandte ließ sich nicht so leicht in die Ecke drängen. „Er spricht von Ordnung, Klarheit und Maß."

„Das hört sich an, als wenn er damit rein äußerliche Dinge meinte. Aber ist es nicht allzu leicht, solchen äußerlichen Dingen, solch äußerlicher Schönheit anzuhängen? Ist es nicht ziemlich einfach, schöne Formen, süßen Geschmack, liebliche Töne und wohlriechenden Duft zu lieben? Fällt es der Seele nicht leicht, gerade diese zu lieben, die doch wie flüchtige Schatten, wie schöner Schein und eine bunte Fassade dahinschwinden?"

„Sicher, das sagt Alkuin ja auch."

„Aber was *meinte* er mit seinen Worten? Habt Ihr Euch gelegentlich auch darüber Gedanken gemacht?"

Der Versuch, dem Mönch das Feld der Argumentation nicht kampflos zu überlassen, ließ den Gesandten in die Falle tappen, selbst wenn er sich schon wieder unangenehm an seine Zeit in der Schulbank erinnert fühlte. „Alkuin sprach von der äußerlichen Schönheit als Ausdruck der göttlichen Schönheit und meinte, dass über den Weg von Ordnung, Klarheit und Maß diese, die innere, göttliche Schönheit sichtbar werde."

„Und seht Ihr denn diese Ordnung nicht auch in diesem Gebäude verwirklicht?" Der Mönch erhob in theatralischer Bescheidenheit seine linke Hand und wies hinter sich auf das Gebäude. „Die Ordnung, die durch das Spiel mit der Dreizahl entsteht – drei Durchgänge; dreimal drei Giebel; dreimal zwei ergibt, geometrisch dargestellt, das Sechseck, das Ihr mit den roten Platten dargestellt seht; die Klarheit, die durch die Zahlen und die maßvolle Teilung der Stockwerke entsteht; das Maß, das alle Flächen in ein Verhältnis zueinander setzt, so dass am Ende eine Harmonie entsteht, wie wir sie als göttlich bezeichnen könnten und die wir gewöhnlich aus der Musik kennen."

„Aus der Musik?"

Nun geriet der Mönch ins Schwärmen. „Ohne die Musik kann keine Wissenschaft vollkommen sein! Auch existiert nichts ohne sie. Wird nicht gesagt, dass die Welt selbst aus einer Harmonie von Tönen zusammengesetzt ist, und dreht sich nicht auch der Himmel im Klang der Harmonie?"

„Was hat denn dieses Gebäude mit Musik zu tun?", versuchte nun der zweite Gesandte dem Verlauf des Gesprächs entgegenzuwirken. „Musik ist nichts weiter als die Einteilung der Töne, aus denen sich beim Singen eine Melodie ergibt. Eine ziemlich technische Sache, wenn Du mich fragst."

„‚Nichts weiter', sagt Ihr? Die Musik sei *nichts weiter* als die Einteilung der Töne?" Der Mönch schien ehrlich empört. „Selbst wenn Ihr mit der Einteilung recht hättet: Die Musik bewegt das Gemüt und erregt den Sinn in einer Weise, wie es nichts anderes vermag, nicht einmal die Architektur oder die Lektüre eines Buchs. So werden sogar in der Schlacht die Kämpfer durch die Töne der Trompeten angespornt und kämpfen mutiger und stärker. Je heftiger der Lärm ist, um so größer ist der Mut zu kämpfen."

„Sind deswegen die Farben hier so bunt?" Der gereiztere der Gesandten lachte sarkastisch, was den Mönch nur noch mehr erregte. „Weil sie eigentlich nicht ‚Musik', sondern ‚Lärm' sind?"

„Die Musik ist, wie auch die Architektur, die einen Raum gestaltet, in dem wir uns bewegen und zum Gebet niederknien, die Wirkung des Göttlichen auf unser Gemüt. Das ist das Wesentliche! Sogar wilde Tiere, wie Schlangen, Vögel und Delphine, werden von der Musik zum Anhören ihrer Melodie angezogen!"

„Woher weißt Du das?"

„Das sagt Hrabanus Maurus, ein Schüler des großen Alkuin."

„Und wenn Hrabanus Maurus, ein Schüler des großen Alkuin, das sagt, muss es stimmen?"

„Zweifelt Ihr etwa an der göttlichen Inspiration? Wollt Ihr allen Ernstes die größten Autoritäten des Abendlands, die mit ihrer Weisheit gleich hinter den Evangelisten und den Kirchenvätern kommen, in Frage stellen?" Der Mönch riss die Augen auf, als stehe er im Angesicht des Leibhaftigen.

„Ich frage mich nur, ob Hrabanus Maurus einmal einen Delphin gesehen hat, der von Musik angezogen und zum Anhören der Melodie veranlasst wurde."

Der Mönch steigerte sich immer mehr in seinen Zorn hinein. „Es ist doch eine Tatsache, die selbst Ihr Skeptiker nicht anzweifeln werdet, dass Musik und die Schönheit von Architektur und Kunst es sind, die uns in unserem Innersten am meisten bewegen!"

„Ich bin mir nicht sicher, ob Du Dir als Mönch darüber ein Urteil erlauben kannst." Nun lächelten beide Gesandten vielsagend.

„Aber das ist doch ganz offensichtlich", beharrte der Mönch. „Wenn wir beispielsweise zur Leier singen, haben wir, wie wiederum Hrabanus schreibt, Anteil am Gesang der Engel und Heiligen, denn im Spiel der Leier hören wir gewissermaßen deren Frohlocken. Wenn wir die irdischen Dinge – und damit ist nicht nur die Musik gemeint, sondern ebenso dieses Bauwerk – wenn wir also all diese Dinge aufmerksam und mit Verständnis betrachten, dann können wir hinter ihrer äußeren Erscheinung einen geistigen und mystischen Sinn erfassen. Und dann können wir sogar in jeglicher Form einen Ausdruck des Göttlichen sehen. Vor allem anderen aber gilt das für die Harmonie."

„Was verstehst Du unter Harmonie?"

„Harmonie besteht aus einer Verbindung verschiedener, in Einklang gebrachter Teile", kam es wie vom Katapult geschossen. „Und deswegen ist die Harmonie der Formen und Farben, die Ihr an diesem Gebäude verwirklicht seht, ebenfalls ein unmittelbarer Ausdruck des Göttlichen."

„Dann wäre dieses Gebäude soetwas wie eine Offenbarung, eine Botschaft Gottes an die Menschen?"

„Die Griechen behaupten, dass Daedalus, der Vater des Ikarus, der Erfinder des Bauens von Wänden und Dächern sei. Er wiederum soll das Bauen von Minerva gelernt haben. Also waren schon die Griechen davon überzeugt, dass die Architektur Geschenk und zugleich Ausdruck des Göttlichen ist."

„Also eine Botschaft?", beharrte der Gesandte.

„*Selbstverständlich* eine Botschaft! Eine Botschaft in Stein und Farben."

„Aber *wusste* denn der Baumeister von alledem? Ich meine, war das wirklich die Absicht des Baumeisters, das mit den Formen, die er im Auftrag des Königs für dieses Bauwerk wählte, auszusagen?"

„Wieso der Baumeister?", fragte der Mönch konsterniert.

„Weil er es doch ist, der all dies entworfen, es geschaffen hat."

Der Mönch starrte den Gesandten fassungslos an. Dann besann er sich einen Augenblick, als suchte er nach möglichst einfachen Worten. „Der Baumeister", begann er schließlich weihevoll und betonte jedes einzelne Wort, „ist Gott – Gott ist der Baumeister!" Er atmete tief ein. „Es geht hier nicht darum, was sich irgendein Architekt gedacht hat. Es ist sogar völlig unerheblich, was der Architekt sich gedacht hat. Es ist ohne Belang, ob der Architekt die Botschaft, die wir in den Formen des Bauwerks lesen, selbst bereits gekannt hat. Gott bedient sich des Architekten, damit dieser jene Formen anfertigen lässt, durch die Gott zu uns sprechen will."

„Gott spricht durch die Formen zu uns?"

„Richtig. Das nennt man ‚Offenbarung'. Gott bedient sich der Formen dieses Bauwerks, um uns durch sie Zeichen und Botschaften zukommen zu lassen."

„Aber warum dann so verhüllt? Warum in Form von Architektur, in der viele – uns beide eingeschlossen – diese Botschaften gar nicht entdecken werden? Warum nicht ganz offen, niedergeschrieben in einem Buch, das Ihr der Bibel hinzufügen könnt, oder einem weiteren Propheten offenbart?"

„Aber wisst Ihr das denn nicht?" Der Mönch schien ehrlich konsterniert. „Als Mose aus dem Offenbarungszelt trat und vom Glanz seiner Begegnung mit Gott umstrahlt wurde, musste er sein Haupt verhüllen, weil die Israeliten den Glanz der Offenbarung nicht ertrugen! Seitdem Gott zum letzten Mal unverhüllt gesprochen hat, indem er seinen eingeborenen Sohn sandte und ihn opferte, bedient er sich verhüllter Formen, weil, wie der Heilige Dionysius sagt, die Offenbarung auf unser Erkenntnisvermögen Rücksicht nimmt. Sie sorgt auf diese Weise für eine uns entsprechende, unserer Natur gemäße Weise der Aussage und passt die heiligen Geheimnisse anagogisch unseren Fähigkeiten an."

„Anagogisch?"

„Wir steigen auf dem Weg des Anagogischen vom Sichtbaren, also dem Materiellen, zur Erkenntnis des Immateriellen, des Transzendenten auf."

„Also ist dieses Bauwerk, wenn ich es anagogisch deute, eine Art Buch, in dem ich zeichenhaft verborgene Geheimnisse entdecken kann?"

„Selbstverständlich! Und das gilt nicht nur für dieses Bauwerk:

> Die Geschöpfe dieser Erde
> sind ein Buch und ein Gemälde
> und ein Spiegel unsres Seins.
> Unserm Leben, unserm Sterben,
> unsrer Lage, unserm Lose
> können sie ein Zeichen sein."

„Aber das bezieht sich nun nicht mehr auf die Botschaft, die König Ludwig in dieses Bauwerk hinein gelegt hat, nicht wahr?" Der Gesandte war ehrlich genug, seine Verwirrung einzugestehen.

Der Mönch antwortete mit großem Nachdruck: „Wenn wir die Salbung mit heiligem Öl und die Heiligkeit der Weihe des Königs bei seiner Krönung ernst nehmen, können wir darin *durchaus* eine Form von göttlicher Botschaft sehen. Denn Kraft seiner Weihe ist der König Stellvertreter und Botschafter Gottes auf Erden! Aber Ihr habt zweifellos recht: Es gibt *mehrere* Ebenen und *mehrere* Botschaften, die man aus diesem Werk der Kunst herauslesen kann. Das ist wie mit der Bibel; auch sie kann man ja bekanntlich in vierfacher Weise verstehen: buchstäblich, allegorisch, moralisch und – eben – anagogisch. Wenn Ihr wollt, könnt Ihr das so auch mit diesem Bauwerk tun."

„Ähnlich geschieht es ja auch bei den Fabeln."

„Wie bitte?"

„Nun, auch die Fabeln, mit denen wir in der Schule so gequält wurden, sind eingeführt worden, damit man im erdichteten Gespräch der Tiere ein Bild des menschlichen Lebens erkenne und aus ihnen die entsprechenden Botschaften, meist moralischer Natur, umso deutlicher herauslesen kann."

„Richtig. Isidor schrieb darüber."

„In der Schule mussten wir die Fabeln sozusagen vorwärts und rückwärts lesen und immer kam etwas anderes heraus." Der Gesandte lachte.

„Oh, die Moral der Fabeln ist doch zumeist höchst simpel." Der Mönch schien geradezu abgestoßen von der Trivialität des Vergleichs.

„Vielleicht für so gelehrte Leute wie Dich! Aber wir waren ja nicht fürs Kloster vorgesehen. Wir sollten an einen Hof gehen und Diplomaten werden …"

„Einen wichtigen Unterschied zwischen den Fabeln und der Architektur wie auch der Musik gibt es dennoch." Wieder machte der Mönch, den der Hinweis auf die Fabeln trotz allem zum Grübeln gebracht hatte, eine dramatische Pause. Als er auch jetzt keine Antwort erhielt, fuhr er fort: „Die Deutung der Fabel setzt eine *bewusste* Auseinandersetzung voraus. Die Botschaft zu ermitteln erfordert eine gedankliche Anstrengung und geschieht schrittweise. Architektur aber und Musik, wie die Kunst überhaupt, wirken *unmerklich*, *unbewusst*. Der Mensch durchschreitet diese Halle, und selbst wenn er nicht um die Herkunft dieser Formen aus dem Römischen Kaiserreich weiß, wird er von ihnen innerlich erfasst und erhoben. Sie formen ihn, sprechen ihm von der Macht und der Größe dieses Reichs und seines Herrschers und machen aus ihm vielleicht sogar noch einen besseren Menschen mit einem klareren, geordneteren und maßvolleren Geist. Und das ist das Wichtige daran, viel wichtiger noch als zu *wissen*, dass diese Kapitelle der antiken Säulenordnung nachempfunden sind und die Inkrustationen auch in römischen Villen beliebt waren. – Auch Ludwig umgibt sich übrigens gern mit dieser Art von Kunst, die zweifellos im genannten Sinn auf seinen Geist einwirkt. Wie es auch schon sein Vater tat und dessen Väter bis hin zu Kaiser Karl."

„Aber wie kommt es, dass Ludwig ausgerechnet hier im Kloster Lorsch einen solch prachtvollen Bau errichtet?"

„Das Kloster ist schon seit der Zeit Karls ein Königskloster! Es hat seit jeher die Könige beherbergt und galt ihnen als etwas Besonderes …"

„*So* besonders kann es nicht gewesen sein", beharrte nun wieder der noch immer gereizte, zweite Gesandte. „Der Große Karl zum Beispiel hatte seine Lieblingspfalzen, allen voran Aachen, und Lorsch zählte *nicht* dazu!"

„Der Vater unseres Königs aber hat sich hier sogar bestatten lassen!" Der Mönch schien einige Zentimeter größer zu werden.

„Das will nichts heißen."

„Unser König hat extra für ihn, und sogar für sich selbst und seine Nachkommen, hier eine königliche Grablege errichten lassen!"

„Hier in Lorsch?"

Der Mönch lächelte selbstgefällig. „Hier in Lorsch, allerdings! Eine eigene Grabkirche ganz in der Nähe des Sanktuariums der Basilika des Heiligen Nazarius. Wir nennen sie ‚die bunte Kirche', weil sie ähnlich farbig gestaltet ist wie diese Halle. Ludwig, der Vater, wollte hier bestattet werden, und der Sohn hat das auch für sich selbst bestimmt. Ich werde Euch die königliche Grablege zeigen, wenn Ihr mir folgen wollt. Es ist ohnehin angemessen, zunächst den Heiligen für Eure wohlbehaltene Ankunft zu danken …"

„Wir wollen lieber sofort zum König!", unterbrach der erste Gesandte den Redefluss des stolzen Gastbruders. „Unser Auftrag ist zu dringend, als dass wir erst das Klostergelände besichtigen könnten."

Nun setzte der Mönch eine bestürzte Miene auf. „Aber wisst Ihr es denn nicht?", fragte er, und seine Stimme verriet, dass die Bestürzung nur vorgetäuscht war, dass es ihm in Wirklichkeit eine tiefe Befriedigung verschaffte, die hochmütigen Gesandten in ihre Schranken zu weisen. „Hattet Ihr denn geglaubt, Ihr würdet den König hier noch antreffen?" Wiederum machte er eine seiner nervtötenden, dramatischen Pausen, während derer er genoss, wie ihn die Gesandten anstarrten und gebannt auf die Hiobsbotschaft warteten. „Der König ist doch schon gestern weitergereist!" Und süffisant lächelnd fügte er hinzu: „Nur der Vater des Königs ist noch hier."

Die Gesandten erholten sich schnell von ihrem Schock. Wortlos ließen sie den selbstgefällig lächelnden Mönch stehen, bestiegen wieder ihre Pferde, wandten sie um und gaben ihnen die Sporen.

Anmerkung: Dieses Gespräch besteht zu wesentlichen Teilen aus Originalzitaten von Pseudo-Dionysius Areopagita (Ende 5./ Anfang 6. Jh.), Isidor von Sevilla († 636), Alkuin (735–806), Hrabanus Maurus (780–856) und Alanus ab Insulis/ Alain de Lille (um 1120–1203); von letzterem soll der Auszug aus der *Sequenz der Rose* („Die Geschöpfe dieser Erde …") stammen, die als einzige der zitierten Quellen nicht zeitgenössisch ist.

Anhang

DIE WEITERE GESCHICHTE DES KLOSTERS UND DER KÖNIGSHALLE

956	Wiedereinsetzung der alten Rechte (unter anderem freie Abtswahl) durch Otto I., Stärkung der Abtei durch wirtschaftliche Privilegien
1052	Altarweihe in der *ecclesia varia* durch Papst Leo IX.
um 1065	unter Abt Udalrich erlebt Lorsch eine dritte, wirtschaftliche und kulturelle Blüte
bis 1090	rund zwanzig Herrscherbesuche

Nach einem weiteren Ausbau des Einflussbereichs unter den Ottonen im 10. Jahrhundert folgt seit dem späten 11. Jahrhundert ein langsamer wirtschaftlicher Niedergang.

1229	Verlust der klösterlichen Immunität, Unterstellung unter das Erzstift Mainz

Im 13. Jahrhundert wird das Kloster anderen Klöstern einverleibt, nachdem sich die Mönche einer vom Papst angeordneten Reform widersetzt haben.

1232	nach der Vertreibung der Benediktiner ziehen kurzfristig Zisterzienser-Mönche aus Eberbach ein
1248	Überführung in ein Prämonstratenserstift; das Kloster verliert in der Folge seine einsti-

	ge Bedeutung und entwickelt sich zu einem nur noch regional bedeutenden Zentrum
um 1400	Umgestaltung der Halle mit steilem Dach, Holztonne und Ausmalung im Obergeschoss
1461	Verpfändung des Klosters an die Kurpfalz
1556/1557	Aufhebung des Klosters durch Kurfürst Ottheinrich von der Pfalz; die Bestände der Bibliothek werden der Heidelberger Hof- und Universitätsbibliothek (‚Palatina') eingegliedert
1621	Verwüstung der Klosteranlage durch spanische Truppen; anschließend Nutzung als Steinbruch
1697	Umbau der Königshalle: die Arkaden werden geschlossen, die Erdgeschossdecke wird entfernt
1842	Einsturz des nördlichen Treppenturms
1934/35	Rekonstruktion des gotischen Zustands der Königshalle. Wiederaufbau des nördlichen Treppenturms
1983–2004	Restaurierung der Wandmalereien im Obergeschoss der Halle

LITERATUR ZUR SOG. KÖNIGSHALLE

Friedrich **Behn**, Die Ausgrabungen im Kloster Lorsch, in: Zeitschrift für Denkmalpflege 3, 1928, S. 20–35 (zit. als BEHN 1928).

Friedrich **Behn**, Die karolingische Klosterkirche von Lorsch an der Bergstrasse nach den Ausgrabungen von 1927–1928 und 1932–1933, Berlin 1934 (zit. als BEHN 1934).

Hilde **Claussen**/ Matthias **Exner**, Abschlußbericht der Arbeitsgemeinschaft für frühmittelalterliche Wandmalerei, in: Zeitschrift für Kunsttechnologie und Konservierung 4, 1990, S. 261–290.

Gilbert-Robert **Delahaye**, Le mur à appareil décoratif de la crypte Saint-Paul de Jouarre, in: Revue d'histoire et d'art de la Brie et du Pays de Meaux 48, 1997, S. 39–53.

Matthias **Exner**, Die Reste der frühmittelalterlichen Wandmalerei in der Lorscher Torhalle. Bestand, Ergebnisse, Aufgaben, in: KLOSTER LORSCH 1993, S. 43–63.

Matthias **Exner**, Wandmalerei, in: Reallexikon der Germanischen Altertumskunde, Bd. 33, Berlin/ New York 2006, S. 220–231.

Alois **Fuchs**, Die Königshalle des Klosters Lorsch, in: Ders., Die karolingischen Westwerke und andere Fragen der karolingischen Baukunst, Paderborn 1929, S. 73–90.

André **Grabar**/ Carl **Nordenfalk**, Die großen Jahrhunderte der Malerei. Das frühe Mittelalter, Genf 1957, S. 76–78.

Hans M. **Hangleiter** u.a., Untersuchung historischer Oberflächen und Farbigkeiten in der Lorscher Torhalle, in: Matthias Exner (Hg), Wandmalerei des frühen Mittelalters. Bestand, Maltechnik, Konservierung (= ICOMOS-Hefte des deutschen Nationalkomitees 23), München 1998, S. 17–34.

Achim **Hubel**, Regensburg und Lorsch. Neue Überlegungen zur Lorscher Tor- oder Königshalle, in: Ingolf Ericsson/ Markus Sanke (Hgg), Aktuelle Forschungen zum ehemaligen Reichskloster Lorsch, Bamberg 2004, S. 297–326 (zit. als HUBEL 2004).

Werner **Jacobsen**, in: Ausstellungs-Katalog Hessen im Frühmittelalter 1984, Nr. 215, 1–4, Nr. 236.

Werner **Jacobsen**, Die Lorscher Torhalle. Zum Problem ihrer Datierung und Deutung. Mit einem Katalog der bauplastischen Fragmente als Anhang, in: Jahrbuch des Zentralinstituts für Kunstgeschichte 1, 1985, S. 9–75 (zit. als JACOBSEN 1985).

Kloster Lorsch. Berichtsband zum interdisziplinären Symposium (= Kunst in Hessen und am Mittelrhein 32/3), Darmstadt 1993 (zit. als KLOSTER LORSCH 1993).

Dieter **Lammers**, Aktuelle archäologische Ergebnisse zur Gründungsgeschichte des Klosters Lorsch, in: Gründung im archäologischen Befund. Mitteilungen der deutschen Gesellschaft für Archäologie des Mittelalters und der Neuzeit 27, 2014, S. 181–232.

Thomas **Ludwig**, Die Lorscher Tor- oder Königshalle, Regensburg 2006.

Kerstin **Merkel**, Die Antikenrezeption der sogenannten Lorscher Torhalle, in: KLOSTER LORSCH 1993, S. 23–42 (zit. als MERKEL 1993).

Ruth **Meyer**, Frühmittelalterliche Kapitelle und Kämpfer in Deutschland. Typus, Technik, Stil, Berlin 1997.

Rebecca **Müller**, Sog. Torhalle und Wandmalereien im Obergeschoss der Torhalle, in: Bruno Reudenbach (Hg), Geschichte der bildenden Kunst in Deutschland, Bd. 1. Karolingische und ottonische Kunst, Darmstadt/ München u.a. 2009, S. 223–225 (zit. als MÜLLER 2009).

Hermann **Schefers**, Die ‚Königshalle', in: Weltkulturerbe Kloster Lorsch, Regensburg 2003, S. 12–15 (zit. als SCHEFERS 2003/1).

Hermann **Schefers**, Kloster Lorsch. Ein Gang durch seine Geschichte, in: Weltkulturerbe Kloster Lorsch, Regensburg 2003, S. 4–11 (zit. als SCHEFERS 2003/2).

Hermann **Schefers**, Lorsch. Baugeschichte, in: Die benediktinischen Mönchs- und Nonnenklöster in Hessen (= Germania Benedictina 7), St. Ottilien 2004, S. 821–830.

Friedrich **Schneider**, Der karolingische Thorbau zu Lorsch, in: Correspondenzblatt des Gesamtvereins der Deutschen Geschichts- und Alterthumsvereine 26, 1878, S. 1–4 (zit. als SCHNEIDER 1878).

Sebastian **Scholz**, Die frühe Baugeschichte des Klosters Lorsch im Spiegel der schriftlichen Überlieferung, in: KLOSTER LORSCH 1993, S. 65–70.

Carolin **Schreiber**/ Joyce **Wittur** (Hgg), Pergament und Stein. Neue Forschungen zum Kloster Lorsch (= Lorscher Studien 2), Lorsch 2013.

Bernhard **Schütz**, Deutsche Romanik. Die Kirchenbauten der Kaiser, Bischöfe und Klöster, Freiburg u.a. 1989 (zit. als SCHÜTZ 1989).

Romano **Silva**, *‚Et domuncula, in qua sedebatur ad iudicandum, erat in media porticu'*. Alcune considerazioni sulla Königshalle di Lorsch, in: A Cadei (Hg), Arte d'Occidente. Temi e metodi, Rom 1999, Bd. 1, S. 41–47.

Matthias **Untermann**, Die „Torhalle", in: Bernhard Pinsker/ Annette Zeeb (Hgg), Kloster Lorsch. Vom Reichskloster Karls des Großen zum Weltkulturerbe der Menschheit (Ausstellungs-Katalog), Petersberg 2011, S. 194–214 (zit. als UNTERMANN 2011).

ABBILDUNGEN

Abb. 2: Lorsch, sog. Königshalle (Detail)
Blattfries und Kompositkapitell sind beide gekennzeichnet durch größtes, handwerklichen Können und höchsten, künstlerischen Rang; das Gleiche gilt für die saubere Arbeit der Inkrustationen.

Abb. 3: Lorsch, sog. Königshalle; Obergeschoss, innen, nördliche Schmalseite

Die tonnengewölbte Decke einschließlich der Malereien an der Giebelwand stammen aus der Zeit um 1400; durch den Einbau der Decke wurden die Proportionen des Raums stark verändert.

Abb. 4: Lorsch, sog. Königshalle; Obergeschoss, innen, Ostwand

In der flachen Nische in der Mitte der Ostwand ist ein heute vermauertes Rundbogenfenster zu erkennen, darunter der Rest eines Altars, den Behn 1936 als den Rest eines Thronsitzes deutete (UNTERMANN 2011, S. 210, Anm. 7); der Altar wurde wohl im 13./14. Jahrhundert eingebaut, als der Raum in eine Michaelskapelle umgewandelt wurde.

Das vermauerte Rundbogenfester deutet darauf hin, dass die Ostwand ursprünglich vermutlich genau der Westwand entsprach mit insgesamt drei offenen Rundbogenfenstern, ohne eine Betonung der Mittelachse durch einen Thron oder Altar.

Abb. 5: Autun, Stadttor (Porte Saint-André); 3. Jh. n. Chr.

Die Tatsache, dass das Stadttor in Autun im Erdgeschoss nur zwei respektive vier statt drei Öffnungen hat, gilt in der kunsthistorischen Forschung nicht als Hinderungsgrund, die Lorscher Königshalle in diese Tradition zu stellen; gewichtiger erscheint die Gestaltung des Obergeschosses, die sich so an keinem römischen Triumphbogen findet.

Abb. 6: Trier, *Porta nigra*, um 200 n. Chr.

Das Tabularium-Motiv – die Kombination eines runden Bogens mit flankierenden Halbsäulen und einem scheinbar darauf liegenden Gesims – war im Römischen Reich weit verbreitet; die *Porta nigra* in Trier ist nur eines unter sehr vielen Beispielen.

Abb. 7: Lorsch, sog. Königshalle, Westseite (Detail)

Abb. 8: Rom, Kolosseum (Detail), 72–80 n. Chr.

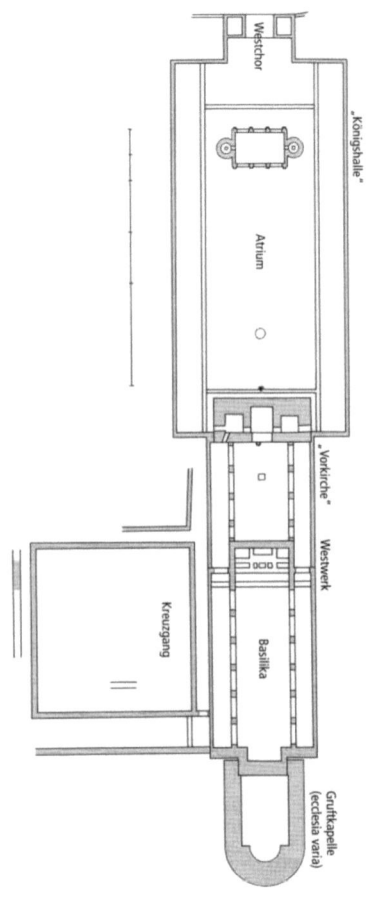

Abb. 9: Kloster Lorsch, Grundriss der Klosterkirche und der unmittelbar anhängenden Annexbauten um 1150; nach Friedrich Behn

Der Grundriss geht auf Forschungen der 1920er und 1930er Jahre zurück; es bleibt abzuwarten, wie die Rekonstruktion aufgrund der aktuellen Grabungen aussehen wird.

Abb. 10: Lorsch, sog. Sarkophag Ludwigs des Deutschen,
um 876

Auf der alten Aufnahme sind die Pilaster mit den ionischen
Kapitellen sehr gut zu erkennen; zu erkennen ist indessen auch,
dass die Kapitelle jenen an der Außenwand der Königshalle nur
ungefähr entsprechen – deren Gliederung u.a. mit zwei Eier-
stäben übereinander und wesentlich kleineren Voluten wirkt
gegenüber jenen am Sarkophag deutlich weniger antik.

Abb. 11: Aachen, Dom, Oktogon, um 800
Aufnahme um 1895, noch vor dem Einbau der
wilhelminischen Marmorverkleidung;
die kostbaren Säulen innerhalb der Riesenarkaden des oberen
Stockwerks sind Spolien aus Rom und Ravenna; es ist zu
erkennen, dass sie gänzlich ohne statische Funktion sind.

Abb. 12: Aachener *Lupa*, römisch (2. Jh.) oder um 800;
Aachen, Domvorhalle
Noch immer streiten die Gelehrten darüber, ob die *Lupa* aus dem 2. Jahrhundert und damit antik-römisch oder aus der Zeit um 800 und damit karolingisch ist – so gut waren die karolingischen Bronzegießer!

Abb. 13: Köln, St. Gereon (Blick von Nordosten, um 1914); Mitte 4. Jh., 1156–1227, Mitte 13. Jh., spätes 14. Jh.

Bis heute ist im Ostteil der Kirche das spätantike Dekagon (Zehneck) erhalten.
Anders als das Oktogon (Achteck), das beispielsweise in der Pfalzkapelle Karls des Großen in Aachen umgesetzt wurde (vgl. Abb. 11), fand diese antike Bauform in der mittelalterlichen Architektur keine Nachfolge, blieb aber für St. Gereon über mehr als 1600 Jahre hinweg prägend.

Abb. 14: Herimann-Kreuz, 11. Jahrhundert;
Köln, Erzbischöfliches Diözesanmuseum

Abb. 15: Lotharkreuz, Köln, um 1000;
Aachen, Domschatz

Abb. 16: Löwenkopf, um 800;
Aachen, Dom, Bronzetür

Abb. 17: Ravenna, San Vitale, ca. 537–547

ABBILDUNGSNACHWEIS

Archiv des Autors: Umschlagbild, Abb. 1, 2, 7 und 8

Roman von Götz: Abb. 3 und 4

gemeinfrei: Abb. 5 (Kokin, commons.wikimedia.com),
  6 (B. Werner, commons.wikimedia.com),
  13 (aus: Heribert Reiners, 1000 Jahre
  Rheinischer Kunst, Bonn 1925),
  14 (E. Wetzig, commons.wikimedia.com)

Verwaltung der Staatlichen Schlösser und Gärten Hessen:
  Abb. 9 (aus: BEHN 1934)

Foto Marburg: Abb. 10, 12, 16 und 17

Bildarchiv Preußischer Kulturbesitz: Abb. 11

CEphoto, Uwe Aranas/ CC-BY-SA-3.0: Abb. 15

GLOSSAR
ERKLÄRUNG VON FACHBEGRIFFEN

☞ verweist auf einen eigenen Eintrag in diesem Glossar

Architrav: horizontaler, meist profilierter Balken über Säulen, Pfeilern, (☞) Pilastern oder Wandabschnitten

Arkade: offener Bogen über Pfeilern (eckige Stütze) oder Säulen (runde Stütze)

folio: Blatt in einer mittelalterlichen Handschrift, bestehend aus Vorderseite *(recto)* und Rückseite *(verso)*; „*folio* 58 *recto*" meint entsprechend nicht „Seite 58", sondern „Blatt 58 – Vorderseite" (= S. 115)

Hagiographie: Zweig der Geschichtsschreibung, der sich der Aufzeichnung der Lebensbeschreibungen von Heiligen (griechisch: *hágios*) widmet

Inkrustation: Verkleidung von Mauerwerk mit Steinplatten

Kannelur (Adjektiv: kanneliert): senkrechte Hohlrille bzw. Rinne an Säulen und Pilastern

Kompositkapitell: römische Erweiterung der antiken (☞) Säulenordnung in Form einer Kombination des ionischen mit dem korinthischen Kapitell

Pilaster:	Flacher Wandpfeiler mit Basis (Fuß bzw. Sockelring) und Kapitell – im Unterschied zur Lisene, die weder Basis noch Kapitell hat
Urbar:	Verzeichnis der Besitzrechte einer Grundherrschaft (Liegenschaften, Abgaben, Dienste)

Referentialität (Adjektiv: referentiell): inhaltlicher Hinweis bzw. Verweis; Zusammenhang, auf den implizit, d.h. nicht ausdrücklich hingewiesen wird

Säulenordnung: bestehend aus den drei antiken Systemen zur Gestaltung von Säulen und der Übergänge zur sie umgebenden Architektur: dorisch, ionisch, korinthisch

Tabularium-Motiv: Verbindung eines runden Torbogens und ihn flankierender Halbsäulen mit darauf liegendem Gesims; auch ‚Römischer Bogen' genannt

Topos (Plural: Topoi): festes Schema, feste Formel

DANK

Mein herzlicher Dank gilt an erster Stelle den ehemaligen Studierenden der Victor-Klemperer-Akademie, Freiburg, für deren engagierte Nachfolgeveranstaltungen das Manuskript ursprünglich entstanden ist. Insbesondere danke ich Romy Herzog, Marlies Keck, Christel Kuhn, Renate Michel, Dr. Hildegard Wehrens und Dr. Hans-Georg Wehrens, die als Testleserinnen und Kritiker sehr zur Lesbarkeit und allgemeinen Verständlichkeit des Büchleins beigetragen haben.

Sehr herzlich möchte ich auch Hermann Schefers, Staatliche Schlösser und Gärten in Lorsch, danken für wichtige Hinweise, die über dieses Büchlein hinausweisen.

Die Rechte zum Abdruck von Bildern bei einem Buch sind immer eine heikle Angelegenheit. Aktive Hilfe und freundliches Entgegenkommen habe ich unter anderem erfahren von Roman von Götz, Uli Meyer, Florian Monheim, Pit Siebigs, dem Bildarchiv Foto Marburg und dem Bildarchiv Preußischer Kulturbesitz.

Schließlich danke ich Andree Kröger, der mich – wie schon so häufig – nicht allein mit seinem graphischen Können unterstützt hat; sowie René Deuster, der der gesamten Reihe ihren schönen Rahmen gab.

DIE REIHE „einblicke –
KUNSTGESCHICHTE IN EINZELWERKEN"

Während der Arbeit mit kunstinteressierten Menschen stellt sich immer wieder heraus, wie groß das Bedürfnis nach Unterstützung bei der Betrachtung und Deutung von Kunstwerken ist. Wer nicht im Bereich unbewiesener Vermutungen und willkürlicher, freier Assoziation verbleiben will, fühlt sich auf sachkundige Anleitung angewiesen.

Leider ist eine solche nicht leicht zu erlangen, jedenfalls nicht auf einem gewissen Niveau, das sich vor allem durch die Absicherung in der aktuellen Forschungsliteratur auszeichnet. Allzu verbreitet ist die Vorstellung, Ergebnisse kunsthistorischer Forschung seien zeitlos gültig und bedürften niemals der Modifizierung oder gar der Korrektur.

Indessen ist dies ein Irrtum. Auch die kunsthistorische Forschung schreitet in ihren Erkenntnissen fort. Ältere, als sicher geltende Untersuchungsergebnisse werden nach einer gewissen Zeit revidiert, neue Sichtweisen setzen sich durch, frühere Deutungen und Einordnungen müssen zum Teil vollständig fallengelassen werden. Die Königshalle in Lorsch, die früher für eine „Torhalle" gehalten wurde, ist das beste Beispiel für diesen Vorgang, ebenso wie etwa der Isenheimer Altar, von dem man seit kurzem weiß, dass es einen Maler namens „Grünewald" niemals gegeben hat.

Die Reihe „**ein**blicke – Kunstgeschichte in Einzelwerken" hat sich vor diesem Hintergrund zwei Ziele gesetzt:

1. Sie möchte interessierte Laien mit einer Methodik vertraut machen, die diese mit ein wenig Übung in die Lage versetzen soll, eigenständig und dennoch kompetent zu verlässlichen Ergebnissen einer aktiven Betrachtung von Kunstwerken zu gelangen.
2. Außerdem wirkt die Reihe konsequent daran mit, aktuelle Ergebnisse kunsthistorischer Forschung bekannt zu machen und der eigenen Kunstbetrachtung interessierter Laien auf diese Weise eine vertrauenswürdige Grundlage zu geben.

Die Reihe „**ein**blicke", deren Westentaschenformat nicht zuletzt zur Lektüre vor dem Original-Kunstwerk anregen möchte, wird in bunter Folge jeweils ein bestimmtes Werk aus der Geschichte der abendländischen Kunst vorstellen, das Schritt für Schritt betrachtet und gedeutet wird und damit zu eigener Kunstbetrachtung auch anderer Werke anregen soll.

Nach dem Erscheinen des ersten Bands der Reihe über die Königshalle in Lorsch sind zunächst folgende weiteren Bände geplant:

Band 2: Paul Gauguin, *Te nave nave fenua* („Köstliche Erde")
Band 3: Jan van Eyck, Die Madonna des Kanonikus van der Paele
Band 4: Jacques-Louis David, Der tote Marat

Darüber hinaus werden Bände erscheinen über Werke von Giotto, Leonardo da Vinci, Michelangelo, Albrecht Dürer, Mathis Gothard Niethard, gen. Grünewald, Rembrandt, Rubens, Tiepolo, Jan Vermeer, Goya, John Constable, Paul Cézanne, Claude Monet, Marcel Duchamp, Jackson Pollock, Robert Smithson, Joseph Beuys, Cy Twombly, Rebecca Horn und andere.

Wenn Ihnen ein Kunstwerk oder ein Künstler besonders am Herzen liegt, für das Sie sich eine intensive Betrachtung im Sinne der Reihe **ein**blicke *wünschen, so lassen Sie es uns wissen! Wir nehmen diese Hinweise gern auf – und vielleicht wird schon in einem der nächsten Bände Ihr Wunsch in Erfüllung gehen!*

„Bücher müssen mit soviel Überlegung und
Behutsamkeit gelesen werden,
als sie geschrieben wurden."

Henry David Thoreau,
Walden oder Leben in den Wäldern,
Zürich 1979/2004, S. 156

Stimmen zum Buch:

„Das Buch ist spannend und flüssig zu lesen, ein deutlicher Unterschied zu den oft eher in verkopfter Fachsprache verfassten Werkmonographien. […]
Sie empfehlen das Buch als Lektüre vor dem Originalkunstwerk. Darüberhinaus ist es auch eine gute Vorbereitung zum Besuch der Klosteranlage."
Christel Kuhn

„Die Texte sind sehr gut verständlich und kommen leichtfüßig daher, so dass das Lesen und Verstehen leicht fällt. Ich habe richtig Lust bekommen, mich einmal ganz unbedarft vor ein Kunstwerk zu setzen und mit ihm in Dialog zu treten."
Melanie Geppert

„Der erzählende Teil ist anschaulich und belebt die Fantasie."
Renate Michel